子どもに学ぶ
道徳授業

良心の覚醒・追求を促す

赤坂雅裕　著

北樹出版

はじめに

1　崩れていく子ら

　ボロボロ、ボロボロボロボロ。
　音を立てて、「人間」が崩れていく。
　あれは、30年前。
　中学２年の担任時であった。
　授業離脱、喫煙、家出、万引き、不純異性交遊。

　私は問題を起こす生徒を怒りまくり、ときに「力」によって指導していた。
　しかし、その指導法では生徒は本質的にはなんら「善く」ならなかった。
　教育の限界を感じていた。なんとかしなければ。どうすればいいのだ。
　行き詰まり、あせり、方策を求めていた私が、すがる思いで辿り着いたのが道徳授業であった。やはり、「外」からではなく、「内（心）」から迫る指導でないと、ほんものの向上的変容にならない、と。

2　「好きなもの」なら否定しない

　大きな期待をして、読み物資料配付。ところが、
・えっ、プリント。イヤやし。
・漢字読めん。なげぇ。つまらん。
・おもろーねぇ。オレには関係ねぇ。

　散々である。この内容項目に出会わせたいと願って配ったプリントは無残にもゴミ箱に放り捨てられた。彼らにとっては、この資料は「他人事」であったのだ。
　考えた。彼らが否定しないもの、彼らの「自分事」。
　そうだ、それは彼らが好きなものだ。

では、彼らがいつも口ずさんでいる「歌」で道徳授業を創ればいいじゃないか。

観察。
どうも彼らはチューリップ（ロックバンド）の音楽が好きなようだ。
しかも、愛に関する歌をよく口ずさんでいるなぁ。
よし、チューリップの歌で迫ってみよう。
導入は、「君の好きなミュージシャンは？」
展開で、歌詞のなかの「愛」の部分にあてはまる語句を考え、（彼らは口ずさんでいる歌なので当然わかる）音楽を聞いて確かめる。そして歌詞を味わう。
終末は、担任の語りと感想書き。

「愛」の本質には迫っていない。
道徳授業と言うにはおこがましく、あまりにも恥ずかしい内容である。
しかし、とにかく、彼らはこの授業を受けた。眠らなかった。プリントを捨てなかった。「愛」と口ずさんだ。共感し、目を輝かせた。そして、私（担任）が「この学級の生徒を愛したい」と思っていることを体全体で深く感じてくれた。

確かな手ごたえがあった。道徳授業を通して、担任と生徒の間に絆が生じた。
これだ、やはり、ここからスタートすべきなのだ、と直感した。とにかく、彼らの好きなもの、興味・関心のあるものから授業を創っていかなければ、と強く強く思った。
この日より、私の挑戦は続く。
○さだまさし作「風に立つライオン」
○黒田三郎作「紙風船」
○河島英五作「どんまい、どんまい」
（詳しくは、拙著『道徳授業奮闘記〜燃える中学生〜』明治図書，1995参照）

「せんせい、あたし、道徳のある日は、学校に来てもいいよぉ」
「先生、今度はこの音楽で創って。このマンガからも。ねぇ先生、お願い！」
　非行に走り、学校を拒絶し、「学びから逃走する」子らが笑顔でソッと私にささやいてくれた。
　ありがとう。ありがとう。私は道徳授業研究に没入していった。

3　子どもに学ぶ
　「先生の最大の先生は子どもである」
　この精神のもと研究的実践を積み、私は次のようなことを学んでいく。

□小学校は他律的な道徳性の育成が中心であるが、中学校では自律的な道徳性の育成が中心になる。
□中学校における道徳教育では、子どもたちが自己のそれまでにできあがってきた道徳性を再吟味し、自分で新たな道徳性を築きあげるよう支援すべきである。
　生徒が主体的に「良心の覚醒」を行い、生徒自らが「良心による自己統治」を進めていくよう指導していくのが、中学校における道徳教育の方法である。
□「ほんもの」に出会うことにより、道徳的価値を感動的に学び、本人が心から納得して価値を内面化するよう支援していく必要がある。
　そのためには、多様で幅のある「価値の内面的自覚を図る道徳授業」を行うこと。
　また、ときおり、「良心の覚醒・追求を促す道徳授業」を行っていくこと。
　良心の覚醒・追求を促す道徳授業は、50分の授業のなかで、複数（3～15程度）の価値に出会い、そのなかで自分の心に一番響いたものを選択し、その感動を伸び伸びと表現し、クラス内で磨き合い、深め合い、高め合う道徳授業である。
　中学生には、原理・原則を注入し、理解させ、わからせるという方法より、中学生自らが、原理・原則をつかみ取っていくように支援していく方法が有

効である。

□教師は子どもたちにとって何が必要なのかを見極め、子どもたちにあった資料を選定し、子どもたちにあった指導法を組み合わせて使うべきである。どれかひとつのやり方だけに固執していては子どもの心は閉ざされてしまう。

いままでの日本の道徳教育は、「子どもに学ぶ」という姿勢が弱かった。
なぜシラけるのか。どうして道徳的実践力が育たないのか。子どもに聴き、子どもに学んで、子どもの心を打ち震わせる多様な道徳授業を開発していきたい。

2014年6月

打たれ打たれて　芳潤の鎌倉あじさい

赤　坂　雅　裕

目　　次

はじめに　（3）

第1部　道徳教育の基礎

第1章　道徳教育の本質 …………………………………………………… 10
1. 道徳とは何か　（10）
2. 道徳教育とは何か　（11）
3. 道徳は教えられるか　（11）

第2章　子どもの道徳性の発達 ………………………………………… 13
1. 道徳性とは　（13）
2. 道徳性の発達　（14）

第3章　戦後日本の道徳教育のあゆみ ………………………………… 18
1. 学習指導要領改訂の足どり　（18）
2. 2008（平成20）年改訂　（21）
3. 道徳の教科化　（24）

第4章　道徳の授業理論 ………………………………………………… 28
1. 総合単元的な道徳学習　（28）
2. 統合的道徳教育　（31）

第5章　中学生の心に響く道徳授業 …………………………………… 34
1. 中学生の心　（34）
2. 2種類の道徳授業　（35）

第6章　道徳教育と教師 ………………………………………………… 39
1. 教育の成否を決める教師　（39）
2. 支持的風土のある学級づくり　（42）

第2部　道徳の授業実践

第1章　価値の内面的自覚を図る道徳授業 …………………………… 46
1. 木ねじ　(46)
2. 和顔愛語　(49)
3. 生きていることはステキなこと　(53)
4. うんてい　(59)
5. 眉毛を下げている3人へ　(63)
6. 朝がくると　(70)
7. お料理教室　(75)
8. 幸福の王子　(79)
9. 伊能忠敬　(85)
10. わたしのいもうと　(88)
11. 27年も忘れられないこと　(94)
12. 歯型　(102)
13. 鼻　(108)
14. 学もし成るなくんば　(112)
15. 天が落としてくれた　(120)
16. 栄光の白いテープ　(128)

第2章　良心の覚醒・追求を促す道徳授業 …………………………… 139
1. 東井義雄先生の詩　(139)
2. 須永博と坂村真民　(143)
3. みんなで跳んだ　(147)
4. 「葬式ごっこ」　(152)
5. 長谷部誠キャプテン　(164)
6. フランクリン・メソッド　(168)
7. 自分の名前で　(172)
8. 私の四行詩　(176)

おわりに ………………………………………………………………………… 181

第 1 部　道徳教育の基礎

第1章 道徳教育の本質

1　道徳とは何か

辞書には、
- 道徳の「道」とは、人がそれに拠り行うべき基準
- 道徳の「徳」とは、修養によって身にそなわった品性や善や正義をつらぬく人格的能力
- 「道徳」とは、人のふみ行うべき道

と説明されています。

一般的には、「道徳とは、人間が生きてゆくうえで守らねばならない規則の総体」と捉えられているようです。

では、研究者の間では、どのように考えられているのでしょうか。
道徳とは何かについて、小寺正一先生は、明快に次のように述べています。
本章では、これを道徳の定義とします。

> 道徳は、ときには外的規範として意識される場合もあるが、基本的には、個人の内面にある社会的行為の規範である[1]。

規範とは、のっとるべき規則、行為・判断など拠るべき基準のこと。
外的規範とは、法律などによって決められている「殺人をしてはならない」

などの規則。

　道徳は、こういう法律などで示されている規則として意識される場合もあるが、基本は、一人ひとりが各自の心のなかで決める、「お年寄りの方が電車に乗ってこられたら、ぼくは席を譲ろう」などの規則であるというわけです。

　ですから、道徳は、個人の自由において、自律的に行使されることに本質的な意義をもっていると言えます。
　道徳の特色は、この「自律」にあります。他の何物にも左右されることなく、自分の心の内からわき出る思いによって行為を決定するところに特色があります。

2　道徳教育とは何か

　道徳教育とは何かに関しては、以下のように様々に表現されています。
・道徳教育は、生徒が自分の生き方を確立するための手助けとしての教育である。
・道徳教育は、およそ教育そのものの根幹である。
・子どもの側からすれば、道徳教育は人間らしい生き方を学ぶことである。

　これらすべて正しいと思いますが、本章では、学習指導要領の文章を参考にして、以下のように定義することにしましょう。

> 道徳教育とは、道徳性の発達を促す教育のこと。

3　道徳は教えられるか

　教育とは何かを考えたとき、「教育とは子どもを活かすこと」とか、「教育と

は子どもが『善』の方向へ進むよう応援すること」と言うことができます。
　この「善」の方向へ進むよう応援することが、まさに道徳教育です。

　教師というものは、教師であるかぎり、とにかく、子どもが「善」の方向へ進むよう応援・努力しなければなりません。
　ですから、教師は、道徳の授業を行う資格があるとかないとか言わずに、道徳教育に力を入れざるをえないのです。
　教師という仕事そのものが道徳教育です。教師は道徳教育から逃げられません〈2〉。

　教師に完全な人というのはいません。教師は神ではありませんから。
　しかし、まだ不道徳な面も自分にあるけれど、「たった一度の人生をどう生きればよいのか」を子どもと共に考えていく。人間的向上へ向かっての師弟同行です。
　そういう道徳教育を行う必要があります。
　そして、子どもと共に教師も人間として成長していくのです。

　子どもと共に学びあう、子どもと共に考える、そして、子どもに少しでも向上的変容が見られたら認め、誉めてあげる。
　そういう道徳授業にチャレンジしていきましょう。
　叱ることより、認め、誉め、励ますことをたくさん行って、子どもたちの心を育ててください。

■参考・引用文献
〈1〉　小寺正一・藤永芳純編『道徳教育を学ぶ人のために』p.6, 世界思想社, 2001.
〈2〉　村井実『道徳は教えられるか』国土社, 1990.

第2章 子どもの道徳性の発達

1 道徳性とは

道徳性とは何でしょうか。

『学習指導要領解説　道徳編』[1]で、道徳性について、以下のように説明しています。

- ・道徳性とは、人格的特性であり、人格の基盤をなすもの。
- ・それはまた、人間らしいよさであり、道徳的諸価値が一人一人の内面において統合されたものといえる。
- ・道徳性を構成するものとして、道徳的習慣、道徳的心情、道徳的判断力、道徳的実践意欲と態度などがあげられる。
    - ※道徳的習慣：長い間繰り返して行われているうちに習慣として身につけられ、その人のきまりのようになっている日常的行動のあり方。
    - ※道徳的心情：道徳的価値を望ましいものとして受け取り、善を行うことを喜び、悪を憎む価値感情のこと。
    - ※道徳的判断力：それぞれの場面でどのような考え方や行動をすることが善であり、悪であるかを判断する知的な働き。
    - ※道徳的実践意欲および態度：道徳的習慣を基盤として、道徳的心情および道徳的判断力によって価値ありとされた行動をとろうとする傾向性。

14　2　道徳性の発達

一方、道徳性を以下のように捉えることもできます。

> ・道徳性とは、道徳を担う能力のこと。
> ・道徳性は二つの視点で考えることができる。
> 　一つは外的道徳性。
> 　自分の外にすでに存在する慣習・社会規範としての道徳に従い、それを遂行していく能力のこと。
> 　二つ目は内的道徳性。
> 　自己の内側にある原理すなわち自己の良心に従って行為することができる能力のこと。　　　　　　　　　　　　　　『道徳教育を学ぶ人のために』[2]より

本章での道徳性の定義は、こちらを採用することにしましょう。こちらの方が、本章で用いている道徳の定義（道徳とは、ときには外的規範として意識される場合もあるが、基本的には、個人の内面にある社会的行為の規範）に沿って理解しやすいからです。

2　道徳性の発達

道徳性は、どのようにして発達していくのでしょうか。

道徳性の発達について基本的な意見を述べた人として、ピアジェという学者がいます。ピアジェは、子どもの道徳性が段階を追って発達するものであるということを実証的に明らかにしようとしました。

そして、子どもは、以下のように発達することを見いだしました。

・最初は他律的である。
　自分の意志によるのではなく、大人からの指示・命令によって行動する。
　規則は大人から与えられ、永久に犯すことのできないものであると考える。
・また、行為の結果によって善悪の判断を下す。
　たとえば、悪意があって窓ガラスを1枚割るより、悪意が無く不注意で2枚

割った方が悪いと判断する。
・そして、権威に従うことを正しいと考える。
・しかし、発達するに従って、より自律的となる。
　行為の結果よりも、その意図・動機によって善悪の判断を下すようになる。
　そして、権威に従うよりも、平等・公正を正しいと考えるように発達してくる。

　ピアジェのこのような考えは、現在においてもほぼ認められていますが、ブルという学者は、これに批判を加え、より発展させています。
　ブルは、道徳性の発達段階を実証的に研究し、道徳性の発達の大まかな段階として、4段階を区別します。

　その4段階とは、
①無道徳・道徳以前
　この段階の子どもは、「快」「苦」の感情に支配されています。
　いわゆる本能的な段階です。この段階の子どもにとっては、面白いことや楽しいことが、「善」であり、つまらないことやしんどいことは、「悪」となります。
②他律＝外的道徳（7〜9歳）
　外から自分に対して与えられる規則や強制に従う段階です。
　ですから、親や教師の規則に従うのがこの段階と言えるでしょう。
　この段階では、他からの処罰や称賛によって行為の善悪が判断されます。
③社会律＝外－内的道徳（9〜11歳）
　社会的称賛と社会的非難が判断の基準となる段階です。
　自分以外の権威からの称賛・非難に従うのですから、その意味では他律的です。
　しかし、その権威は、他律の段階のように絶対的・一方的なものではなく、自分もその一員である仲間集団のものです。そこが大きく違います。

②　道徳性の発達

④自律＝内的道徳（11歳〜）

　この段階は理性を拠りどころとし、すべての外的権威から独立した自由な個人の判断と行為を特徴とします。

　自分の心のなかからの自己称賛と自己非難とによって判断し、行為するのです。

　自分の良心によって自己を統治する段階です。

　以上、ブルの4段階について説明しましたが、ここで押さえておいてもらいたいことが3つあります。それは、

①このような段階を教師が勉強し、心得ておくことは重要だということ。

　勉強していないと、子どもたちに年齢にそぐわない期待をかけ、負担を重くしたりして、子どもを追い込んでしまう危険性がある。

②一方、子どもの発達段階を知ることは重要ですが、11歳になっているのに、自律の段階に達していないのではないかなどと心配しすぎないこと。ゆったり構えること。子どもの道徳性は常に変化しています。

　それは固定的にとらえられるものではなく、ひとつの目安です。

　道徳性の発達は、ある程度は段階的ですが、そんなに単純ではなく、一人ひとりの道徳性は複雑に成長するのです。

　最近の日本人は、マニュアル化しすぎていますから要注意です。

③そして、ある段階に達したから大丈夫ということはないということ。

　人間の身体とか知的能力は段階的に発達し、逆行するということはまずないでしょう。しかし、道徳性は、たとえば自律の段階に達していても、明日は無道徳の状態へなどということが容易に起こりうるのです。

　私にもあなたにも起こりうるのです。そこが怖い。

　道徳性は、人間としてのよりよい生き方を求める運動態としてとらえることができますが、環境による影響を受けやすく、方向性が曖昧な運動態で、さまよう可能性があることを強く認識しておく必要があります。

　心はコロコロ変わる。

ですから、自律の段階に達したなどと言って安心してはおれないのです。
人間、日々、心を洗うこと。
生涯、心を磨き続けることが必要です。

■参考・引用文献
〈1〉 文部省『中学校学習指導要領解説　道徳編』pp.16-29, 1999（平成11）.
〈2〉 小寺正一・藤永芳純編『道徳教育を学ぶ人のために』pp.68-72, 世界思想社, 2001.

第3章 戦後日本道徳教育のあゆみ

1 学習指導要領改訂の足どり

戦後の日本の教育はどのような変遷をたどったのか、学習指導要領改訂の足どりから見ていきましょう。

昭和33（1958）年以来の学習指導要領改訂の足どり[1]	
昭和33～35年 改訂 1958～1960	・教育課程の基準としての性格を明確化 ・(ア)の時間の新設、基礎学力の充実、科学技術教育の向上等 ・系統的な学習を重視
昭和43～45年 改訂 1968～1970	・教育内容の一層の向上、教育内容の現代化 ・時代の進展に対応した教育内容の導入 ・算数における集合の導入など
昭和52～53年 改訂 1977～1978	・ゆとりある充実した学校生活の実現、学習負担の適正化 ・各教科などの目標・内容を中核的事項にしぼる
平成元年 改訂 1989	・社会の変化に自ら対応できる心豊かな人間の育成 ・生活科の新設 ・(イ)教育の充実
平成10～11年 改訂 1998～1999	・基礎・基本を確実に身に付けさせ、自ら学び自ら考える力などの「生きる力」の育成、「総合的な学習の時間」の新設 ・教育内容の厳選、(ウ)教育重視の姿勢

| 平成20年改訂
2008 | |

表中の(ア)〜(ウ)には、すべて「道徳」が入ります。

では、戦後日本の道徳教育のあゆみに[2]ついて、少し詳しく解説します。

①戦後、アメリカ教育使節団は、「修身」を「従順な公民を作り上げる」目的を持ったものだったとして厳しく批判します。

その結果、昭和20年代の道徳教育は、社会科を中心として、学校の教育活動全体を通して行われます。これを全面主義的道徳教育と言います。

②しかし、1951（昭和26）年には、戦後における子どもの非行件数がピークを示すなどの状況があり、「もっと道徳教育に力を入れなければ」という声が高まってきます。

そして、「学校教育の全体を通じて行うという方針は変更しないが、現状を反省し、その欠陥を是正し、すすんでその徹底強化を図るために、新たに道徳教育のための時間を特設する」という答申が出されます。

新たに「道徳の時間」を設け、毎週継続して指導を行うとしたのです。

こうして、1958（昭和33）年、「道徳の時間」はスタートします。

が、当初、道徳授業の実施状況は芳しくなかったようです。

「道徳教育は画一化された人間を育てる」とか「戦前の国家主義・全体主義の国づくりを目指そうとしている」という批判があり、根強い道徳教育アレルギーがあったからです。

③1968（昭和43）〜1970年の改訂では、道徳教育の目標を教育全般の目標と区別するために、「その基盤としての道徳性を養うこと」という文言を加え、学校における道徳教育が、児童・生徒の道徳性の育成を目指すものであることを明確にします。

④1970年代に入ると、いわゆる「おちこぼれ」や「不登校」「非行」の問題が顕在化してきます。

　そこで、1977（昭和52）年からの改訂では、教師と児童・生徒及び児童・生徒相互の人間関係を深めることや家庭や地域社会との連携を図りながら、日常生活の基本的行動様式をはじめとする道徳的実践の指導を徹底するように明示します。

⑤1984年には、臨時教育審議会より、「学校における徳育が十分な成果を挙げていない」と指摘されます。

　これを受け、1989（平成元）年からの改訂では、総則に「豊かな体験を通して内面に根ざした道徳性の育成が図られるように配慮しなければならない」ことや「望ましい人間関係の育成」という文言が加えられます。

　「道徳の目標」には、人間尊重の一層の深化を意図して「生命に対する畏敬の念」が加えられます。「主体性のある」日本人の育成も強調されます。

　また、「道徳の時間」のねらいが、「道徳的心情を豊かにし、道徳的判断力を高め、道徳的態度と実践意欲の向上を図る」と表され、道徳的心情が最も基本であると強調されました。

　「内容」については、4つの視点によって分類されて、内容の重点化が図られます。

⑥1996年、中央教育審議会は、「ゆとりのなかで生きる力を育む」ことを重視する答申を出します。

　その答申を踏まえて、1998（平成10）年からの改訂が行われますが、その時のポイントは、以下の5つです。

・道徳教育の充実は、現代のわが国の教育における最重要課題であるとし、道徳教育重視の姿勢をとる。
・豊かな心と未来を拓く実践力の育成を図る。
・道徳教育の要としての「道徳の時間」の役割を強調する。また、「道徳の

時間」の特質を明確にするために、「道徳的価値の自覚を深め」という文言を加える。
・児童・生徒の実態に応じた指導を効果的に行うことを強調。
　中学校では、規範意識の低下が指摘されていることから、4－(2)の内容項目であったものを、2つに分け、4－(2)「法やきまりの意義を理解し、遵守するとともに、自他の権利を重んじ義務を確実に果たして、社会の秩序と規律を高めるように努める」と、4－(3)「公徳心及び社会連帯の自覚を高め、よりよい社会の実現に努める」に増やしている。
・「道徳の時間」に他の教師と行うティームティーチングを採り入れたり、ボランティア活動などの体験活動を生かすなど、多様な指導の工夫が必要であるとしている。

2　2008（平成20）年改訂

次に、平成20年の学習指導要領改訂を見てみましょう。
以下は、平成20年学習指導要領改訂の基本的な考え方を示しています。

平成20年（2008）改訂の基本的考え方
・教育基本法改正等で明確になった教育の理念を踏まえ、「生きる力」を育成
・知識・技能の習得と思考力・判断力・表現力等の育成のバランスを重視。授業時数を増加
・道徳教育や体育などの充実により、豊かな心や健やかな体を育成

平成20年度の改訂でも、「道徳教育の充実」が重視されています。
道徳教育に関して以下のような改訂を行っています[3]。

- 教育基本法改正等を踏まえ、伝統や文化の継承・発展、公共の精神の尊重を道徳教育の目標に追加する。
- 小学校の道徳教育では、集団宿泊活動等を通じ、基本的な生活習慣やきまり、善悪の判断、人間としてしてはならないことをしないこと、を重視することを規定。
- 道徳教育は、道徳の時間を要として学校の教育活動全体を通じて行うものであること、を明確化した。
- より効果的な教育を行う観点から、発達の段階に応じて指導の重点を明確化する。

　　小学校：挨拶、人間としてしてはならないことをしない、集団や社会のきまりを守る、等を重視する。

　　中学校：社会の形成への主体的な参画等を重視する。新たに、「多くの人々の善意や支えにより、日々の生活や現在の自分があることに感謝し、それにこたえる」の内容を加える。

- 各教科等で、それぞれの特質に応じて道徳の内容を適切に指導することを明確化。
- 内容項目は各学年においてすべて取り上げることとした。
- 道徳教育推進教師（道徳教育の推進を主に担当する教師）を中心に、全教師が協力して道徳教育を展開することを明確化。
- 先人の生き方、自然、伝統と文化、スポーツなど、児童生徒が感動を覚える魅力的な教材を活用する。情報モラルに関する指導に早急に取り組む。
- 中学校、言語力の育成を図るため、討論したりするなどの表現する機会を充実する。
- 道徳性の育成に資する体験活動を推進する。（小学校：集団宿泊活動等　中学校：職場体験活動等）

　私は、今回の改訂は、基本的には間違っていないと考えています。

　押谷由夫先生が、「戦後教育の忘れ物」として、①道徳教育の軽視②内向きの視点の軽視③人間らしさの軽視の３つを指摘されていますが、その３つを克

服する方向で出されたものであると考えるからです。

　豊かな社会のなかで生き方を見いだすことができない子どもたちに、「人間」を取り戻す方向でだされている。

　特に、中学校に、新たに、「多くの人々の善意や支えにより、日々の生活や現在の自分があることに感謝し、それにこたえる」の内容を加えたことは秀逸です。

　かつての日本は、物が足りないから努力するということが人の成長を促しました。物が有り余る現在の日本では、「私が幸せなのは〜のおかげです」と感謝して、その恩に報いるために自分なりに努力していく、そういう生き方が求められていると思います。ですから、この視点を加えたことは卓越していると思います。

　ただし、今後、改善していくべき点はいくつかあります。

①道徳教育の目標である「道徳性」を養うことと、道徳の時間の目標である「道徳的実践力」の育成との関係性が学習指導要領本体では必ずしも明確になっていません。道徳教育の目標（道徳性の育成）と道徳の時間の目標（道徳的実践力の育成）とを見直し、それぞれよりわかりやすい記述に改めるとともに、その相互の関係をより明確にする必要があるでしょう。
②道徳教育の目標のなかに「自律的に道徳的実践のできる人間を育てる」を明記するといいでしょう。具体的に言えば、「自ら気づき（感じ）、考え、判断し、道徳的実践のできる子どもを育てる」ということです。このことを明確に示すことによって、内面を育てるだけではなく行為にまで移す力をも積極的に育成することになります。
③現行の学習指導要領に示されている項目については、基本的に適切なものと考えますが、未整理な内容項目も存在しています。たとえば、「3主として自然や崇高なものとのかかわりに関すること」の(2)の「自然の愛護」と「美しいものへの感動」と「人間の力を超えたものへの畏敬の念」は、それ

ぞれ性格のことなるものです。並べて1項目として述べるには不適当でしょう。
　（2-1）自然を愛護する心をもつ。
　（2-2）美しいものに感動する豊かな心をもつ。
　（2-3）人間の力を超えたものに対する畏敬の念を深める。
のように扱っていくのが、いいのではないでしょうか。
④「内容項目は各学年においてすべて取り上げる」としていますが、中学校では必ずしもそうする必要はないでしょう。24の項目を並列し順番に取り上げる授業は、お説教的になり、中学生は受け付けなくなります。目の前の中学生の実態に応じたもの、中学生が必要としているもの、たとえば「思いやり」などに、もっと大胆に力を入れるべきです。年間指導計画を、学校や学級の実態に合わせて弾力的に適用し、柔軟性をもたせるとともに、教えるべき価値内容を精選して重点化した指導を行う必要があるでしょう。
⑤道徳教育推進教師はまことに良いことですが、管理職が力強く支えることができるかどうかが問題です。形だけの道徳教育推進教師では、意味を成しません。

③　道徳の教科化

「豊かさゆえの貧困」が年々深刻化しています。
　規範意識や自己抑制力の低下、思いやりの欠如。そして、いじめなどの教育問題。かつては、「希望の場」であった学校が、現代では、子どもも教師も「心を痛める場」となっています。
　このような状況で、子どもたちの人間力（「知力・実践力・コミュニケーション力、社会スキルといった様々な構成要素から成り立つトータルな人格的資質・能力」）が育っていくわけがありません。

　この現状を憂えて、「道徳の教科化」が声高に叫ばれるようになりました。

道徳教育の充実を図り、まずは、なんとかして「心」を立て直さなければ、というのです。

　賛成です。道徳教育の充実は人間力育成の土台であり、たしかに現代日本にとって最重要の喫緊の課題と言えます。

　日本道徳教育学会会長の押谷由夫先生は、特別教科「道徳」を提案しています。押谷先生は、以下のように言われます[4]。

- 道徳の教科化に夢を託して、学校を真の人間教育の場にしましょう。
- 道徳を特別の教科にするというのは、一言で言えば、「道徳の特質を生かした教科」ということです。
- つまり、全教育活動において道徳教育が行われ、それを補充、深化、統合するものとして道徳の時間があるのです。
  そして道徳の時間は、道徳的価値の内面的自覚を計画的・発展的に図りながら道徳的実践を支える道徳的実践力を育てるのです。
- その内容は、中国や韓国の道徳教育教科のように政治的社会化や市民化的な要素を盛り込むのではなく、人間としてのあり方や生き方を、人間の特質である道徳的価値（徳）との関連で、真正面から、計画的・発展的に学習できるようにしていく。
- 道徳は国語や算数などの教科と横並びではありません。教科は教育の内容の全体を部分的に分けていくものですが、道徳はそれらを人間としてどう生きるか（道徳的価値）の視点から統合していくものです。
- 現在の道徳の時間と、道徳の特質の捉え方については変わりません。
- 道徳は、教科外なのではなく教科内であり、しかも他の教科とは違うスーパー教科としての特別の教科だということです。
- 教科書には、一般的に国定教科書（文部科学省著作教科書）と検定教科書があります。道徳の教科書においても、法律や学習指導要領の趣旨に従って行われる検定制度を利用した検定教科書にすべきです。

③ 道徳の教科化

- 特別教科にすることによって、教科書を使うことになるが、その教科書も特別教科の特質を生かして、多様な道徳学習ができるように編集できる。テーマ学習的なものや家庭や地域も巻き込んだ総合単元的な学習、また、宗教に関する学習も計画的・発展的に行えるようになる。
- 道徳の特質を考えれば、郷土資料や学校や子どもの実態に応じた資料を使うことは大切です。そこで、授業においては教科書を3分の2は使うことにして、3分の1は郷土資料など独自の資料を使うようにするといった規定を設ける必要があります。
- 学級担任が行うことを原則として、教職員の協力体制のもとに指導することを求めています。
- 「道徳教育推進リーダー教師」を加配で配置することを提案しています。来年度（2014年）予算で200人確保することが決定し、7年間で2000人を確保することが計画されています。
- 個人的には、道徳の免許は交付すべきだと考えます。教員免許を取るためには、道徳免許も同時に取得しなければならないとし、道徳教育科目8単位を取得すれば道徳免許を取得できるという方法です。
- 特別教科にする意味は、評価を教科と同様にするのではなく、子どもたちの実態把握を中心として、子どもたちの心の内面の発達を見るようにすべきだということも含んでいます。
- 学校における道徳教育は、子どもたちのよりよく生きようとする力を引き出し伸ばしていくものです。その要としての道徳は、当然に子どもたちのよりよく生きようとする姿をじっくりと見定め、自分らしく伸ばしているところを評価することになります。私は、道徳の授業を通して、子どもたちの道徳的心情や道徳的判断力、道徳的実践意欲や態度などの伸びたところをひとつでも記述すればどうかと提案しています。
- ただし、通知表に書くのは、このうちのその子が伸びたところのみでいいのです。道徳における評価が目指すのは、子どもたちがいかに自分を見つめ、課題を見出し、意欲的に取り組もうとしているか、つまり道徳的価値に照らして自己評価、自己指導をいかに充実させるかです。

・道徳の教科化は、平成27年の4月から実施されることが予想されます。

　これからの日本の道徳は、この「特別教科道徳」の方向に進めるべきであろうと私も考えています。
　2015年4月からの実施が予想されます。
　教科化前に、道徳の時間についての教師用ノートを作り、子どもたちの実態についてのメモと、その指導の記録・反省を書いておきます。
　そして用いることができそうな資料をできるだけ多く集めておく必要があるでしょう。

　道徳は教育の根幹です。
　ここをしっかりしておけば、生徒指導や学習指導、保護者対応等がぐんと楽になります。
　「大変だ」と思わず、押谷先生がおっしゃるように、道徳の教科化に夢を託し、真の人間教育の場としての学校の未来を切り拓いていこうではありませんか。

■参考・引用文献
〈1〉　永田繁雄氏よりいただいた資料「学習指導要領の改訂」をもとに作成，2008．
〈2〉　山崎英則・西村正登編著『道徳と心の教育』pp.135-149，ミネルヴァ書房，2001．
〈3〉　前掲「学習指導要領の改訂」をもとに作成．
〈4〉　押谷由夫「学校を人間教育の場にしましょう」明治図書『道徳教育』誌，2014年3月号．

第4章 道徳教育の授業理論

　現代は、価値が見失われている時代です。この価値が見失われた社会では、子どもたちの主体的な価値判断力を育成することが求められます。
　そして、その育成のために、「子どもを主体とした道徳教育」を実践しようというのが、現代の「新たな道徳教育」の動きであり、流れです。
　たとえば、体験活動を生かした総合的で多様なアプローチによる道徳教育や、グループエンカウンターなどを生かした道徳授業などが「新たな道徳教育」として実践されているのです。

　では、これからの日本の「新しい道徳教育」を創り出していくために押さえておかなければならない授業理論を2つ紹介します。

1　総合単元的な道徳学習

　まずは、押谷由夫先生の「総合単元的な道徳学習」です。
　押谷先生は、課題意識を明確にして課題を追究することが、子ども自身の主体的な活動として行われることが大切であると言われます。そのために、「道徳の時間」を中心として、総合単元的な道徳学習が行われるように指導計画を構想することを提案しています。
　押谷先生は、総合単元的な道徳学習とは、

> 　子どもが道徳性をはぐくむ場を総合的にとらえ、各教科や特別活動、総合的な学習の時間等の特質を生かして行われる道徳的価値に関わる学習を、道徳の時間を中心に有機的なまとまりをもたせて子どもの意識の流れを大切にした道徳学習ができるように計画していくこと[1]。

と定義しています。

　総合単元的な道徳学習の授業例を見てみましょう。
　道徳授業「みんななかよし」は、以下のように実践されました。
①事前に、生活科で「むかしあそびの会を開こう」を実践します。
　ねらいは、「友だち同士教えあいながら楽しい昔遊びをすることができる」と「お年寄りとの交流を通して、温かい心で接することの大切さがわかる」です。
②次に、それを踏まえて、道徳授業「みんななかよし」を、資料「ぐるぐるまわれ」を使って行う。
　ねらいは、「幼い人や困っている人には、温かい心で接し、親切にしようとする心情を育てる」です。
③道徳の授業後、特別活動「友達のよいところを見つけよう」を行い、発展させます。
　ねらいは、「友達のよいところを見つけることを通して、友達を大切にしようとする態度を育てる」です。

　押谷先生は、「思いやりのある行為を行うためには、どういう形で行為したときに相手が喜ぶのだろうか、相手のためになるのだろうかといったことを具体的に考えていくことが必要です。このようなことを道徳教育としてしっかり行っていくには、道徳の時間と関連をもたせながら、実際に自分で考え実践する学習を、もっと特別活動やゆとりの時間、日々の生活場面に行う必要があると思うのです」[2]と言われます。

1　総合単元的な道徳学習

　少し詳しく説明すると、総合単元的な道徳学習では、「心の内面が耕せていないと、自律的に道徳的実践を行うことは不可能。一方、外面から心の内面へという指導も重要。外面、すなわち道徳的実践を行うなかで、心の内面を耕していく。内面から外面へ、外面から内面へとバランスよく指導していくことが大事である」という考えを持っているのです。

　このような考えに基づいて、「みんななかよし」の道徳授業は実践されていると言えます。

　次のプリントを見て下さい。「総合単元的な道徳学習」を提唱している押谷先生の言葉です。みなさんの心に刻んでおいてほしいものばかりです[3]。

・子どもたちが授業に夢中になるには、知らなかったことを知ること、自分が思っていることを自由に話せること、みんなから認められること、それらを通して授業を受けてよかったという思いが実感できること、などがあげられよう。

・子どもたちは、生まれたときから道徳性を身につけているわけではない。道徳性の萌芽をもって生まれてくる。それは、人間社会におけるさまざまな体験を通して開花し、道徳性の発達が図られていくのである。

・道徳の授業においては、子どもたちの心に響き、心が動く授業が求められる。学習の内容が、現実の子どもたちの姿や生活とかけ離れていると、子どもたちの心に響く授業はできない。しかし、かけ離れている場合でも、学習する内容を主体的に追体験できれば、具体的な日常生活や学習活動に影響を与えることができる。

・子どもへの信頼を基盤とした道徳教育を。

・子どもから引き出す道徳教育を。子どもが本来もっているよりよく生きようとする力や価値志向性が、さまざまな状況とのかかわりのなかで、具体的なかたちとなって現れるように、指導を充実させていくこと。

・子どもに学ぶ道徳教育を。教師が子どもに学ぶ姿勢をもつことは、子どもたちの生き方にも影響し、友だちや先生から学ぼうとする姿勢を生む。

> ・とくにこれからの道徳の時間においては、子どもが感動体験を味わえるようにしていくことが大切である。
> ・道徳の時間を通して、教師自らが自己を振り返り、これからの自己の課題を見つけながら、子どもたちとともにその達成に向けて努力していこうとする姿勢が求められる。まさに、師弟同行の教育こそが道徳教育なのである。

なお、総合単元的な道徳学習を行う際の注意点を2つあげておきます。
①特別活動などで行われる道徳教育を強調しすぎて、「道徳の時間」の存在意義を忘れることがないように。全面主義的な道徳教育に後退しないように。
②あまりにも範囲を広くしすぎて、学習内容が漠然とならないように。

2 統合的道徳教育

もうひとつの押さえてほしい授業理論は、伊藤啓一先生の「統合的道徳教育」です。

伊藤先生は、アメリカの道徳教育に学び、それを日本の現状にあった方法で展開する統合的道徳教育を主張されています。その統合的道徳教育は、「子どもに道徳的価値を伝達すること」と「子どもの道徳的批判力・創造力を育成すること」との統合を目指しています。具体的には、統合的道徳教育では、道徳授業を次の2つの型に分けて行います。

「A型」（伝達・納得型）
　ねらいとする道徳的価値を教える（内面化する）ことを第一義とする授業
「B型」（受容・創造型）
　子どもの個性的・主体的な価値判断や価値表現の受容を第一義とする授業

伊藤先生が、価値表現の受容を第一義とする「B型」の授業の導入を強調されるのは、今までの日本の道徳授業が、道徳的価値を教える「A型」の授業が中心であり、このアプローチだけでは、道徳授業が十分に成果をあげてきたと

は言いがたいという認識をもっておられるからです。

　具体的な授業実践例を見てみましょう⁽⁴⁾。
　「みんなの心が通うプログラム～どんな気持ちかな？～」(全2時間)
　第1次　花瓶の花（B型）
　　花瓶の花を見て、思ったことを自由に発表しあい、いろいろな考え方のあることを知る。導入では、自分の知っている花のことを話す。展開では、枯れかかった花を見て、思いを素直に発表する。終末では、自分が花に言ってあげたいことを話す。
　第2次　橋の上のおおかみ（A型）
　　身近にいる幼い弱い人にあたたかい心で接し、親切にしようとする心情を育てる。
　　資料「橋の上のおおかみ」を読み、意地悪された動物の気持ちや、おおかみがくまさんに親切にしてもらったときの気持ちについて考える。また、ウサギの立場からも考える。

　この実践例を見てもわかるように、①これまでのわが国の「道徳の時間」では認められなかった授業形態である、子どもの価値表現を受容し価値判断を尊重する新しいスタイルの授業形態（B型）を導入していること、②1時間の授業ではなく、複数時間でプログラムを組んでいること、が特徴と言えます。
　統合的道徳教育では、「価値の多様化がますます進展する社会にあっては、子どもの主体的な価値判断力を育成することは、今日的課題である。そのためには、子どもを主体とした道徳教育を実践し、彼らの価値創造力を育成しなければならない。子どもたちの価値創造力を伸ばすとともに、基本的価値をしっかり伝達する。この両者のバランスをとりながら真の道徳的実践力を育成することが大事」というのが根本の考え方なのです。
　B型授業を導入して、バランスをとって実践していくというのがポイントです。

以下は伊藤先生の言葉です。これを読んで、「統合的道徳教育」をより深く理解してほしいと思います[5]。

・今必要なことは、教師が子どもの考えを受けとめ、コミュニケーションを円滑にし、彼らとの関係性を深めることである。
わからないと嘆く前に、子どもの心を知ろうと努力し、まずは彼らの気持ちを受容することである。
・子どもが自律的道徳を獲得するまでは、親や教師の適切な指導やアドバイスが必要である。子どもの自主性と教師の指導性は車の両輪であり、その調和的結合を目指すべき。
・子どもが青年期に入ると、〈大人―子ども〉の関係より仲間関係のほうが重要となり、それが彼らの道徳性発達の中心的役割を果たすことになる。
子どもの発達段階に即した対応を考えながらカリキュラムの整備をすることが重要である。
・授業とは基本的に教師と子どもが一緒になって創るものであり、どちらもが主体とならなければならないと考える。
・教師は、授業づくりを工夫し、悩み、楽しむこと。

なお、統合的道徳教育では、課題として、「実際的な成果は明らかではない。統合の中身を吟味していく必要がある。心情の深まりについての基準の作成も必要である」と言われていることを付け加えておきます。

■引用・参考文献
〈1〉　押谷由夫『新しい道徳教育の理念と方法』p.86, 東洋館出版社, 1999.
〈2〉　押谷由夫『道徳教育新時代』p.137, 国土社, 1997.
〈3〉　前掲『新しい道徳教育の理念と方法』.
〈4〉　伊藤啓一編著『「思いやり」の心をはぐくむ道徳授業』pp.33-46, 明治図書, 1998.
〈5〉　伊藤啓一『統合的道徳教育の創造』明治図書, 1991.

第5章 中学生の心に響く道徳授業

1 中学生の心

　現在の日本の中学生に関して、
・自立的に生活しようとする気概に欠け、生命を尊重する心が育っていない。
・きまりを守る態度は不十分であり、善悪の判断さえきちんとできない。
・子どもたちの姿は見過ごすことはできないくらいに劣悪である。
と言われることがあります。
　たしかに、一部の子らにそのような面も見受けられますが、全体をよく観察しますと、そうではなく、「善」の方向へ向かおうとしています。ただし、その心はとても複雑です。

　まず、本当は、どの子もより善く生きたいと強く願っています。どの子もです。「むかつく」「いらつく」と同時に、生き方への問いが芽生えています。
　ただ、漠然とした不安や葛藤、いらだちがあります。そして、それが何なのか自分でも理解できていない場合が多い。また、その不安を教師や保護者には相談しにくい。実は、友だちにもなかなかできないで、ひとりで苦しんでいるという子も多いのです。

　中学生の心の特徴を示すと、「自己探求的傾向強し。自主独立欲求強し」「反発強し。否定的態度強し」「懐疑的で批判的である」「孤独で感情的になる」「不

安定である」となるでしょうか。

2　2種類の道徳授業

　以上のような特徴をもった中学生に、「価値の内面的自覚を図る授業を」と言われても、その実現は容易ではありません。
　反発心が強くなり、物事に批判的になるので、"正直に生きることが大事です"などという授業を行っても、シラけてしまう。頭からバカにし、受け入れようとしません。
　中学生は、人間としての生き方・あり方を強く求めているのですが、その願いに応えるためには、ありきたりの授業では太刀打ちできないのです。
　中学教師は工夫に工夫を重ねなければなりません。
　私は、以下のような道徳授業を実践すれば、中学生の心に響き、中学生の内的道徳性を高めることができると考えています。

① 　多様で幅の広い「価値の内面的自覚を図る道徳授業」

　1時間の授業でひとつの価値項目について学ぶ「価値の内面的自覚を図る道徳授業」が、やはり、道徳授業の基本です。
　ただし、この授業を、「経験を想起し、資料を読んで、気持ちを考え、話し合い、教師の説話を聞いて終わる」というワンパターンで繰り返していますと、必ず行き詰まります。
　何かしら重たく、暗く、つまらない道徳の時間になってしまいます。
　そして、「道徳授業は画一的で実効性がない」と批判されるようになります。

　子どもの心に響き、子どもの日常生活にも生きて働くような道徳授業に改良していく必要があります。
　学習指導要領の道徳の解説書でも、小・中学校ともに、「いたずらに固定化、

形式化することなく、弾力的に扱うなどの工夫をすることが大切である」と示されています。
　また、解説書は、「多様な学習指導の構想」も示しており、指導過程の形骸化への警鐘を鳴らしています。

　常に複数の授業スタイルを発想することです。道徳授業に「多様さ」と「幅の広さ」をもたせることが、道徳授業の活性化につながります。
　まずは、道徳授業のタブーと言われてきた、「資料は分割してはならない」「結論のない資料は不適切だ」「２時間扱いはいけない」等を見直し、授業にダイナミズムを持たせましょう。そして、ひとつの指導過程を「基本形」として遵守するのではなく、ひとつの主題や資料から多彩な道徳授業の形を発想していきましょう。

　中学生の心に響く道徳授業にするために、具体的には、以下のようなことを工夫するといいでしょう。
①子どもの心を打ち震わす資料の開発。迫力と感動のある資料を積極的に開発していくこと。
②道徳の「主題」を子ども自身が追究したくなる「問題」にすること。子どもの「切実感」から、子どもが自分の問題として真剣に考えられるように問う。
③カウンセリングの理論や手法を活用する。
④モラルスキルトレーニングを行い、「行動」を指導・支援の切り口として価値の内面的自覚につないでいく。
⑤子どもが主体的に学び、考え、判断する、問題解決的な学習を取り入れる。
⑥「いじめ問題」など、リアリティーのある道徳的問題に真正面から取り組む。
⑦ひとりで「書く」活動と、級友の考えを「読み合う」活動を重視する。
⑧特別活動との関連を重視し、体験活動を通して学べるようにする。

② 良心の覚醒・追求を促す道徳授業

多様で幅の広い「価値の内面的自覚を図る道徳授業」を柱とするのですが、年間35時間の道徳授業のなかに、ときおり、「良心の覚醒・追求を促す道徳授業」も取り入れていくのです。

「良心の覚醒・追求を促す道徳授業」とは、1時間の授業のなかで複数（3〜15程度）の価値に出会い、そのなかで自分が一番感動したものを選択し、その感動を伸び伸びと表現し、クラスのなかで磨き合い、深め合い、高め合うという授業です。

なぜこの授業を取り入れるのか。

中学生（特に中学2年生以上）には、原理・原則を注入し、理解させ、わからせるという方法より、中学生自らが、自分に必要な価値観を再発見し、自分の生き方・あり方を再創造するように支援していく、そういう「価値再発見・価値再創造の授業」がきわめて有効であると体験的に学ばされたからです。子どもたちから教えられたからです。

「価値の内面的自覚を図る道徳授業」をいくら多様で幅の広いものにしても、中学生は、その授業方法ばかりだと、やはり嫌がりだします。

心を閉じ、授業を受け入れようとしなくなり、ひどい場合は否定してきます。

ところが、ときおり、「良心の覚醒・追求を促す道徳授業」を取り入れると、普段の「価値の内面的自覚を図る道徳授業」の中で学んだことを基にして、自己の価値観を生き生きと表明し、級友と認めあい、磨きあい、高めあっていくのです。

この一人ひとりが自らつかみ取った価値観を学級のなかで磨き合わせ、高めあうようにしていく授業は、中学生の心に響き、心を打ちます。

中学生が集中し、真剣に学ぶ道徳授業となります。

この2種類の道徳授業を生徒の実態に応じ、バランスよく行うことが重要です。

どのようなバランスで行えばよいか判断できるのは、学級担任。よって、学級担任が道徳の授業を行うのがベストです(学級担任による道徳教育は、世界的に見るとレアケースと言えます。しかし、私はこれを、世界に誇るべきシステムだと考えています)。

「生徒の目が輝かない」そういう失敗の授業を何度もしてしまい、その都度、理論書を読みあさり、また授業にチャレンジする。
　理論と実践を往還する研究的実践のなかで、
①多様で幅の広い「価値の内面的自覚を図る道徳授業」を行っていく
②ときおり、「良心の覚醒・追求を促す道徳授業」を行っていく
を実践すれば、中学生の心に響き、その内的道徳性を高めることができるという確かな手応えを感じるようになったのです。

■引用・参考文献
〈1〉　諸富祥彦編著『道徳授業の新しいアプローチ10』明治図書, 2005.
〈2〉　林泰成『モラルスキルトレーニング　スタートブック』明治図書, 2013.
〈3〉　柳沼良太『問題解決型の道徳授業』明治図書, 2006.
〈4〉　永田繁雄編『道徳ノンフィクション資料』図書文化, 2012.

第6章 道徳教育と教師

　道徳教育も最終的には「人」で決まります。特に、「担任」です。
　教育基本法を改正し、環境を整え、カリキュラムを整備しても、実際に子どもにふれあう担任の授業がお粗末で実践的指導力がなければ、子どもはより良い方向には成長しません。権力のある政治家が教育改革を進めても、高名な教育学者が崇高な理論を唱えても、それだけでは何も変わらないのです。
　最前線で子どもとふれあう担任が人間としての力や教師としての力を高め、子どもに良い働きかけを行わなければ道徳教育の成果は現れません。
　担任がすべての鍵を握っているのです。

1 教育の成否を決める教師

　子どもの道徳性を成長させる良い教師とはどういう教師でしょうか。
　私は、以下のような心・考えを持っている教師だと考えています。

1 嘆いても何にもならない
　「中学生は怖い。何をしでかすかわからない」そうおっしゃる方がいます。しかし、私の知る限り、ほとんどの中学生は真っ当に、美しく育っています。世間が騒いでいるほど悪くありません。もちろん、「自分勝手主義」の生徒もいるわけですが、そういう生徒も人間のあり方・生き方を根気強く伝えれば、わかってくれます。少しずつ成長してくれます。

「今の中学生はなってない！」などと嘆いたり、騒いだりするのはよしましょう。なんにもなりません。

2　問題は常に大人の側にある

問題は、我々大人の側にあるのです。「愛情」と「情熱」と「工夫」があるかどうかです。そこを間違えないようにしましょう。

中学生の心は決してくさってはいません。

東井義雄先生が言われるように、「心のスイッチさえ入れば必ず光りだす」。

吉田六太郎先生が言われるように、「千の子どもに千の花が咲く」のです。

今こそ、我々大人の出番です。力の見せ所です。

3　「真実」と出会わせよう！

どんなに大変に思える生徒にも良心があります。また、どの生徒も、本当は、「どう生きればいいのか？」「どう生きるべきなのか？」聴きたがっているのです。

本当に大切なことを適切に（言い過ぎてはいけません）与えましょう。

「相田みつを」「金子みすゞ」「星野富弘」「東井義雄」「坂村真民」「松下幸之助」「須永博」などの詩や作品と、生徒がグッドタイミングで出会えるようにしましょう。

「真実」に出会い、生徒は感動するのです。そして、心を震わせて、「あぁ、私も〜な人間になりたい！」という強烈な「あこがれ」をもつのです。

本音に基づく「あこがれ」をもつと、生徒は強くなります。

「善の方向」に力強く前進しだします。

4　「子どもに学ぶ姿勢」を大切にしよう！

生徒が道徳の授業で「最高の感動」を味わえるようにするにはどうすればいいのか？

まずは、とにかく「子どもに学ぶ姿勢」を大切にすることです。

生徒は正直です。特に「問題だ」と言われる生徒は正直です。心を打たれれば、目を輝かせて「先生、今日の道徳はよかったぁー」と言ってくれますし、つまらなければ眠ってしまいます。授業中、生徒をよく見ることです。実践後は、生徒の声を聴いて反省することです。

5　振り返りや積み重ねが大事

我々大人もそうですが、人間は弱いもので、一度決心したことでも、ときが経つと忘れてしまったり、守れなくなることがあります。

中学生はまだ子どもですから、決心しても3日もすればダメになるということは、往々にしてあることなのです。

そこで怒ったり、がっかりしたりしないことです。

心はコロコロ変わるものです。

コロコロ変わるのなら、また目覚めるようにすればいい。くどくならないように注意して、さりげなく、もう一度「真実」に目覚めさせましょう。

この繰り返しのなかで、生徒の「心」は「真心」となり、簡単にはコロコロと変わらないものになっていきます。

6　絶えず、学びあおう！

それにしても、とにかく、全ての子どもたちの目をキラキラと輝かせたいですね。

「皆さんのおかげで、ここまで成長することができました。私、頑張ります。たった一度の人生ですから、おもいっきり自分の花を咲かせ、人様のためにも役立ちたいと思います！」と明るく元気よく子どもたちが言えるようにしたいものです。

感謝の気持ちからやる気を出して、ガンバロウとする子どもたちの姿をたくさん見たいものです。

西洋の教育史を繙けば、道徳教育が教育の根幹にあることを異口同音に主張しているのがわかります。

- ソクラテス（人類の教師と言われる）：教育の根本は、一人ひとりが自らの徳（善さ）を引き出し育てることにあるととらえた。
- ルソー（近代教育学の祖と言われる）：人間の自然性に根ざした教育を提案し、最終的には道徳的自由を謳歌できる人間を目指した。
- ペスタロッチー：人間性の育成を教育の目的ととらえ、3 H（Head、Heart、Hand）の調和的発達を追求した。その調和的発達において、Heartの教育を中核に置いている。
- フレーベル（幼稚園の父）：神性の育成を教育の目的とし、人間に内在する神的なものこそ人間の本質であるとしている。
- カント：善意志による道徳律の確立こそ教育の根幹であると主張し、人格の共同体を理想的社会として提案する。
- シュプランガー：教育の機能としての発達の援助、文化財の伝達、良心の覚醒を重視する。

教育の目的は道徳教育を中核として達成されるのです。

みなさん、子どもの幸せを願い、道徳教育に関する研究的実践の日々を積み重ねていきましょう。相田みつをが言うように、「夢はでっかく、根は深く」の精神で、絶えざる自己研修を行っていきましょう。

② 支持的風土のある学級づくり

道徳教育を実りあるものにするために最も大事なものは「教師」ですが、もうひとつ、これがしっかりできていないと、道徳教育の成果が上がりにくいというものがあります。

学級づくりです。学級が、お互いを認めあい、支えあい、励ましあう学級になっていないと道徳教育の成果はなかなか上がりません。

まずは、担任である教師が、子ども一人ひとりの「よさ」を見いだして、思いやりのある優しい心で接すること。そして、たとえば次のような道徳や学級

活動を子どもと共に行っていくことが重要となります。

【学級目標づくり】

4月、学級開き後すぐに、「どんな学級にしたいか？」全員から考えを引き出します。

そして、教師が候補を5本程度にしぼってやり、その中から子どもたちの話し合いで決定させます。

以下のような学級目標ができあがりました（受験を控えた中学3年）。

①笑いの絶えない温ったかーい3の1
②1492（意欲に）燃える3の1
③何事にも立ち向かう強い3の1

そして、この目標を右の写真のようにクラス全員で書き、教室全面に大きく貼りだすのです。

【学級ニックネームづくり】

次に、学級のニックネームを考えてもらいます。学級目標づくりと同じ方法で作っていきます。
以下のようなたいへんユニークものができあがった年もありました。

> 勇気100倍2525赤花フレンド学級
> （24名＋先生）

「クラス24名全員がそろい、担任である私と25名になれば勇気100倍。どんなに苦しい時でもニコニコ笑顔を絶やさずに、フレンド（仲良く）がんばり、自分たちの情熱の赤い花を咲かせる」

そういう意味を込めたと聞きました。これにはまいりました。たいしたもんだなぁと感心しました。

2　支持的風土のある学級づくり

【友の似顔絵を描こう】

　これらの活動と同時に、学級活動で、レクリエーションを楽しんだあと、2人組をつくり、お互いの顔をよく見て、似顔絵を描いてあげるという活動を行います。

　右ができた作品を教室後ろに掲示している様子です。もちろん絵が苦手だという生徒にはそっと手助けをしてあげます。

　以上のような道徳や学級活動を行っていると、下のような落書きが突然教室に出現することがあります。

　「1193（イイ組）つくろぉ赤坂学級」の下には、「人生は100でできている。悲しいことは4×9（シクシク）＝36。楽しいことは8×8（ハッハ）＝64。36＋64＝100。人生は楽しいことの方が多いんだよ」と書かれ、

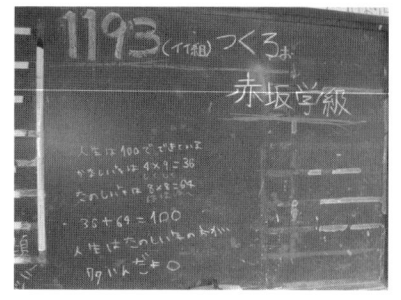

「だからみんなクヨクヨせずにガンバロウよ！」とメッセージが送られているんです。

　教室の戸締まりに行った時に発見したんですが、感激しました。子どもから学ばされました。

　こういう学級になりますと、学級におけるすべてが道徳教育となります。

■引用・参考文献
〈1〉　赤坂雅裕『心踊る特別活動〜人間力を育む学級活動・生徒会活動・学校行事〜』文教大学出版事業部，2014.
〈2〉　片岡徳雄編著『個を生かす学級づくり一問一答』黎明書房，1985.

第 2 部　道徳の授業実践

# 第1章 価値の内面的自覚を図る道徳授業

1 木ねじ

1 入学式の日に

　私は、学級開きで、「木ねじ」という道徳授業を行っていました。時間は20分です。

――――――――――――――――――――――――――――――――

　みなさん、ご入学おめでとうございます。今日は、めでたい入学式ですから、先生からみなさんにプレゼントがあります（封筒に木ねじを入れたものを一人ひとりに渡す）。

　さぁ、何が入っているでしょう？　開けないで予想してみて下さい。形はどんな形？　においはある？　エッ、何？

　じゃ、開けて確かめてください。「へぇ、木ねじ」

　……どうして、先生は、入学式に木ねじをプレゼントしたんでしょう？

　（模造紙に書いておき、黒板に貼る）

　この詩を読んでください。

　（　　）にあてはまる言葉を考えて下さい。

> 木ねじ
>
> 　　　　　　　　　　杉山　平一
>
> 右に外れたり　左へ行ってみたり
> まわり道ばかりしているが　のぞみは失わず
> 目標をめざして　グイグイ進んでいるのだ
> （　　　）（　　　）（　　　）

　何という言葉が入ると思う？　どうぞ。
「グイグイ、グイグイ、グイグイ」「目標、めざして、グイグイ」
　うん、いいねー。実はね、杉山さんは、（前へ）（ゆっくり）（前へ）と言っています（模造紙に赤マジックで書き込む）。
　……1年1組の新入生諸君。君たちは、今日から中学生です。この木ねじのように、「前へゆっくり前へ」進んでいこう。
　そして、人間として成長していこう。前へゆっくり前へ。

＊＊＊＊＊＊＊＊＊＊＊＊＊＊＊＊＊＊＊＊＊＊＊＊＊＊＊＊＊＊＊＊＊＊＊＊＊

　授業を行う私の願いは、「今日から中学生なんだ。心機一転がんばるぞ！」と新入生に熱く決意してもらうこと。その1点です。
　そのために、中学1年生に理解できる心に響く詩を探す。
　そして、20分という短い時間のなかでどのようにその詩に出会わせればいいのかベストの方法を考える。そうやってできたのが、今の授業です。
　生徒の感想を見ますと、
「私は、木ねじの授業を受けて、目指すものに向かって努力しつづけていれば、どんなに遠く困難な道のりものりこえることができると感じました。だから私も、どんなに困難なものでも目標を達成できるように努力します」
というような声がたくさんでていました。嬉しいですね。

　それから、入学式でもらったこの木ねじを自分の机に飾り、それを心の支え

として中学校3年間を過ごした子がいるということを、この授業の3年後、すなわちこの子たちが中学校を卒業するときに保護者の方が涙を流しながら教えて下さったことも忘れられません。

2　道徳授業力

　一般的に、道徳授業力は以下のように分けられます。

---
① 子どもの実態把握力
② 資料開発力
③ 資料分析力
④ 発問構成力
⑤ 話し合い構築力
⑥ ワークシート活用力
⑦ 板書構成力
⑧ 授業省察力
⑨ 教室環境力

　この中でも、特に資料開発力が重要となります。

　いかにして、子どもの心を打ち震わす資料を開発していくかが最大の鍵なのです。

　心を育てるベスト授業を行うためのポイントとしては、以下の5点が挙げられます。

　①教師の「願い」が熱く、鮮明であること。

　②子どもが感動できる資料を教師が持っていること。

　③最高のタイミングで、その資料を子どもに出会わせること。

　④子どもが主体的・積極的に参加し、自己表明できる授業方法をとっていること。

　⑤クラスのなかで、磨きあい、高め合い、深め合うことができるよう配慮がなされていること。

2 和顔愛語（わげんあいご）

○資料…………特になし
○願い…………「微笑みのある和やかな顔で、愛の言葉、思いやりのある言葉を発する人間っていいな。私もなりたいな」という心を持ってほしい。
○対象学年……小学校高学年〜高校生

1　中学1年生、入学式の翌日に授業

（起立、礼）
（「立派な人はこうなのです」と言って、「○顔○語」と大きく板書する）
○にあてはまる言葉はなんでしょう？
「丸顔英語」（丸い顔の人が英語を頑張るという意味かな？）（笑）
「丸顔国語」（あぁ、今度は丸い顔の人が国語を頑張る？）（笑）
うん、実はね、ここには、こういう文字が入るのです。
「和顔愛語」（黄チョークで書く）
穏やかな微笑みのある平和なお顔で、愛のある言葉、相手を思いやる言葉を言う、という意味です。
　こういう人が立派な人であると昔から言われているのですが、どうですか皆さん、皆さんの周りに、この「和顔愛語」の逆「鬼顔憎語」、鬼のように怒った顔をして、人を憎しむようなことばかり言っているような人はいませんか？
「いる、いる。いっぱいいる。う、うちのお母さん」（笑）
はい、はい、名前は出さなくていいですから。（笑）
　とにかく、僕たちは「鬼顔憎語」ではなく、「和顔愛語」穏やかな微笑みのある平和なお顔で、愛のある言葉、相手を思いやる言葉を言う人間になりましょう。

2　和顔愛語（わげんあいご）

では、今から「和顔愛語」の具体、具体的な姿を練習します。
　ひとつ目、笑顔で挨拶。みんな、笑顔で自分の苗字を言いながら、男女別あいうえお順に並んでください。笑顔で、「赤坂でーす。赤坂でーす」という感じで自分の苗字を言いながら、男女別あいうえお順に並んでいくのです。
　はい、では、始め。

　……できましたか。ちょっと確認してみましょうかね。
　先頭の人から苗字を言ってみて。
　はい、拍手！　完璧にできていましたね。スゴイ、スゴイ。

　では、次は男女２人組をつくります。
　１番先頭の人どうし、次は２番目の人どうし、次は……。

　はい、では、２人組で活動します。
　（「○あて」と板書する）
　みなさん、ケガを治療することを、「何あて」と言いますか？
　「手あて」
　そう、手あてと言いますね。これは、古人が、昔の日本人が、手をあてるだけでケガの治療になる、特に心の傷を癒やすことができる、ということを私たちに言葉を通して教えてくれているのですよ。
　はい、では、「和顔愛語」の具体２つ目、手あてを体験してみましょう。
　心の傷が癒やされる感じがするかな？
　心が優しくなるかな？

大学生と中学生の交流授業で

(目を閉じて手あて。1分間)
　はい、止め。(おぅー！)心が傷ついている友がいたら、どうぞ手あてをしてあげてくださいね。

　では、「和顔愛語」の具体3つ目。(「ほほえみ」と板書する)そう、ほほえみ。
　最初、目を閉じて手あてをしています。そして、先生が「はじめ」と言ったら、ほほえみながら見つめ合います。(イヤーン。はっずかしーい)
　いやーん？……では、先生がお手本を見せます。
　(女子を指名し、手本を見せる)(女子、笑う)

　恥ずかしくなーい。やれます。できます。最初は20秒でいいから、やってみましょう。
　はい、目を閉じて手あてしてー。いくよー。
　3秒前、2、1、はじめ。

カンボジアの子らと見つめ合い

　(クフッフッ。笑いながらも懸命に取り組む生徒)
　はい、止め。
　(ワッハッハッハッハッ。おもしろすぎる)
　はい、もう1回やってみましょう。
　やればやるほど上達する。相手を微笑んで見つめることができるようになりますから。
　では、今度は30秒。いくよー。

　それでは、今日の最後の活動に移ります。
　「和顔愛語」の具体4つ目はね、(「うなずき」と板書する)うなずき。
　はい、うなずきながら、相手の話を聴く練習をしましょう。

2　和顔愛語（わげんあいご）

　2人のうち、ひとりは語る。もう一方は聴くのです。
　語るテーマは、「このクラスをどんなクラスにしたいか？」。2分間で語ってください。
　言う方は、表現する力をつける練習です。考えながら言う、という感じでいいですからね。頑張って。
　聴く方は、それをうなずきながら聴くのです。絶対、「それ、ダメよ」なんて言ってはダメだよ。決して否定しない。「あぁ、あなたはそう考えるんですね」って、うなずきながら、その人の考えを受け入れるんです。
　いいですか。じゃあ、先に語る人をジャンケンで決めてください。

　では、いきますよー。3秒前、2、1、はじめ。

　はい、止めー。
　よく頑張ってましたねー。いいよー。
　では、2人目いきます。交代してね。3秒前、2、1、はじめ。

　……はい、今日は「和顔愛語」の具体を4つ練習しました。みんなが、「和顔愛語」の心をもち、①笑顔で挨拶をする②手あてをする③ほほえんで、友と見つめ合う④うなずいて友の話を聞く、がこのクラスの中でたくさんたくさん見られることを期待します。
　では、今日の授業を終えて感じたこと、思ったことを書いてください。

2　座学にこだわらない

　道徳授業は座学で読み物資料を用いて行うものだ、と頑なに信じておられる方がいます。
　違います。座学で資料を読んでいく授業が基本だとは思いますが、それ以外の授業がたくさんたくさん開発されていい。いや、されなければいけない。「道徳的実践力の育成」というねらいが揺らいではいけませんが、方法は様々にあ

った方がいいのです。

　学習指導要領やその解説書を読んでも、「これをしてはいけない、あれをしてはいけない」という規定はありません。学習指導要領を十分に理解していないために、自分で枠を勝手につくってしまい、「これをやってはいけない、あれをやってはいけない」という自己規制をかけてしまって、閉塞状況に陥っているという状況があります。

　子どもの道徳性を伸ばすのではないかと思うものは、積極的にチャレンジしたい。心理主義や生活主義からも学ぶ。体験的活動を多く取り入れ、「動的な授業」も開発していく。「ハッ」と思ったら、「サッ」と調べ、「タタッ」と授業化する。その「感性」と「行動力」「実行力」が教師に求められています。

３　生きていることはステキなこと

○資料…………『だいじょうぶ　だいじょうぶ』
　　　　　　　（いとうひろし作・絵，講談社，1995）
○願い…………「生きているとうれしいことや楽しいことにたーくさん出会えるんだ。生きていることはステキなことなんだ」ということを学び、安心して喜びいっぱいに日々を過ごしてほしい。
○対象学年……小学校低学年～小学校中学年

1　小学校低学年での授業実践

（起立、礼）
はい、質問でーす。
　みなさんが小さかった頃、そうですねー、幼稚園に行ってた頃、みなさんは、おじいちゃんやおばあちゃんから、どんなこと言われてました？　思い出してみてー。

3 生きていることはステキなこと

はい、○○君から。
「歯をちゃんと磨きなさーい」(ほぅー)
「ごはんをたーくさんたべなさーい」(はっー、なるほどねー)
「男は泣いちゃいかん、とおじいちゃんに言われて、また泣いてた」(あっー、そうかい)

ではね、今日の道徳はこの絵本をみんなで読んでみましょう。
この絵本では、おじいちゃんはどんなことを言っているかな?

【内容】
・僕とおじいちゃんは、毎日のようにお散歩を楽しんでいた。
・散歩のなかで、新しい発見が増えるだけ、困ったことや恐いことにも出会うようになった。
　わけもなく僕をぶつ友だちもいるし、犬はうなって歯をむき出すし。
・なんだか、このまま大きくなれそうにないと、思えるときもありました。
・そのたび、おじいちゃんは、僕の手を握り、
　「だいじょうぶ、だいじょうぶ」
　とつぶやくのでした。
・僕とおじいちゃんは、何度その言葉をくり返したことでしょう。
　たしかに、犬に食べられたりもしませんでした。

おじいちゃん、どんなこと言っていました?
「だいじょうぶ、だいじょうぶ」
そうね、「だいじょうぶ、だいじょうぶ」って言っていましたね。

じゃあ、「だいじょうぶ、だいじょうぶ」の後には、どんなことが書かれていましたか?
「えっと……わざと、ぶつかってくる車はない、など……」
すごいねー。よく覚えてるねー。では、プリントを配ります。

第1章　価値の内面的自覚を図る道徳授業　　55

　はい、「だいじょうぶ、だいじょうぶ」の後には、どんなことが書かれていましたか？　プリントの［　　　］のなかにあてはまる文章を絵本のなかから捜して、書き込んでください。（十分に時間を与える）

　　だいじょうぶ　だいじょうぶ
　①それは、むりして、［　　　　　　　　　　　］ってことでした。
　②それは、わざとぶつかってくるような［　　　　　］ってことでした。
　③それは、たいていのびょうきやけがは、［　　　　］ってことでした。
　④それは、ことばがわからなくても、［　　　　　　］ってことでした。
　⑤それは、このよのなか、そんなに［　　　　　　　］ってことでした。

　では、隣のお友だちと答え合わせをしてみて。
　（机間指導し、間違っている児童には、静かに教え、訂正させていく）

　はい、じゃあ、みんなで確認していきましょう。○○さんから、どうぞ。
①「だいじょうぶ、だいじょうぶ。
　　それは、むりして、みんなとなかよくしなくてもいいんだってことでした」
②「だいじょうぶ、だいじょうぶ。
　　それは、わざとぶつかってくるようなくるまもひこうきも、めったにないってことでした」
③「だいじょうぶ、だいじょうぶ。
　　それは、たいていのびょうきやけがは、いつかなおるもんだってことでした」
④「だいじょうぶ、だいじょうぶ。
　　それは、ことばがわからなくても、こころがつうじることもあるってことでした」
⑤「だいじょうぶ、だいじょうぶ。
　　それは、このよのなか、そんなにわるいことばかりじゃないってことでし

た」

　みんな、よく調べましたねー。よく頑張りました。
　はい、この絵本を読んでいると、なんとなくホッとしますね。安心しますね。
　みなさん、人間が生きていくうえで、とおっても大切なことを言います。
　先生のお話をしっかり聞いてください。

　この絵本に書いてあるようにね、だいじょうぶ、だいじょうぶなんですよ。
　人間が生きていくなかで、辛いことや悲しいことにも出会いますが、よーく考えると、それ以上に嬉しいことや楽しいことにたーくさんたーくさん出会えるのです。
　だいじょうぶ、だいじょうぶ。
　生きていると、嬉しいことや楽しいことにたーくさん出会えるのです。
　生きていることはとーってもステキなことなのです。

　だいじょうぶ、だいじょうぶ。
　生きていることはとーってもステキなこと。
　どうか、このことをよーく覚えておいてくださいね。
　では、残りの時間で、今日の道徳の授業で学んだことと感想を書いてください。

2　シングルエイジ（9つ）までに、きちんと教える

　正義や勇気、信頼、思いやり、親切や誠実などは、歴史的な知恵として抽出された結晶のようなものです。こうした徳目というのは、普遍的な「叡智」として歴史的に継承されて、大切にされてきたものです。
　これを後生に伝えることは、教育の大切な役割だと言えます。
　歴史から検証された徳目は大いに教えていいし、教えなければならないのです。

教師は、伝えるべきことは、何度も何度も子どもたちにきちんと語り伝えたい。「自主性を育てる」という美名のもとに、何もかも、子どもに任せるのはダメ。人間としての生き方の基本は10歳になる前に、きちんと語り伝えましょう。

　10歳で、その子どもの人生観の基礎がつくられてしまいますので、教師は恐れずに（もちろん不遜になってはいけませんが）道徳を語りましょう。

　あなたは、教育学を学び、教養を身に付け、難関の教員試験を突破してきた「先生」と認められている人なのです。自惚れてはいけませんが、どうぞ自信を持ってください。

　「人間の生き方」を大いに学び続け、子どもたちにわかるように語り続けてください。

　以下の４つの絶対的信頼を子どもたちが持てるように、自分の学級の子どもたちの理解力に応じて、何度も何度も語ってくださることを願います。

①生きることへの絶対的信頼
　生きていれば、悲しいことや辛いこともあるが、よく考えてみれば、嬉しいことや楽しいことの方が圧倒的に多いのです。
　朝、目覚めることができたこと。
　お母さんと笑顔で「おはよう」と言いあえたこと。
　朝食のおみそ汁が温かくて、おいしかったこと。
　今日もクラスのみんなや先生に会えたこと。
　健康で、一緒に勉強やスポーツができること……。
　嬉しいことや楽しいことばかりです。
　生きていれば、いいことに出会えるのです。
　生きていることはほんとうにほんとうに素晴らしいことなのです。

②善行への絶対的信頼

　善いことをしている人には、必ず善いことが起こります。

　逆に、たとえば、オレオレ詐欺などをして、人を騙してお金儲けをしようとする人などには、必ずお仕置きがきます。

　一時的に大金持ちになっているようでも、長い目で見ますと、そういう人は必ず失敗しています。

　みなさん、人様が喜ぶようなこと、社会のためになるような善いことをしましょう。

　家庭に、学校に、地域に、喜びの種を播きましょう。

　喜びの花を咲かせましょう。

　そうしていくことがあなたを幸せにします。

③努力への絶対的信頼

　努力している人、頑張っている人は必ず報われます。

　オリンピック選手になれるかどうかはわかりませんが、努力している人や頑張っている人を、周囲の人は放っておかないのです。

　「頑張ってるのだから」と必ずチャンスを与えたり、救いの手を差しのべたりしてくれるのです。

　ですから、今あなたが頑張っていることは決して無駄になることはありません。

　あなたの努力はいつか必ず報われます。

④継続への絶対的信頼

　何ごとも、「続けるとほんものになる」のです。

　必ずプロ野球選手になれるかどうかはわかりませんよ。

　でも、とにかく、君が毎日毎日、グラウンドで汗を流して、大声を出して精一杯練習していることは、君の「力」を少しずつ少しずつ高めているのです。

　続けていれば、必ず、君の力は少しずつ少しずつ高まっていく。

　続けること、継続することは、君をビッグにするのです。

「これから」を生きていく子どもたちが、以上のような語りかけを受け、「人間っていいな。生きていくって素晴らしいな」と心から感じることができる道徳教育を行っていきましょう。

④ うんてい

○資料…………「うんてい」
　　　　　　　（『心の元気Ⅱ』　広島県教育委員会，中学年資料）
○願い…………「きまりというものは、自分を危険から守るためだけではなく、みんなの安全を守るためでもあるんだ。だから、守らなきゃならないんだ」ということを心に刻んでほしい。
○対象学年……小学校中学年〜中学校１年生

1　小学６年生実施授業

　起立、礼。お願いします。
　はい、今日は、「う○○○」。
　（いきなり、黙って板書する）
　「　　　」にはいる言葉を言ってください。
　はい、この列。

- 「うんどう」（いいねー）
- 「うじうじ」（ほぅー）
- 「うめえー」（フォー）
- 「うんざり」（なるほど）
- 「うんめい」（おー、すごい）

　では、これは何かわかる？「うんてい」（絵を描く）

60　4　うんてい

うん、うちのグラウンドにもあるよね。
実はね、「うんてい」というお話があるんです。
今日はこれを読んで勉強しましょう。……（読後）。確認しましょう。

　　　資料の概要
・ゆうたろうのクラスでは、うんていの上を歩く遊びが流行っている。
・ゆうたろうがうんていの上を歩いていると、ふみとゆりから「そんな遊びしたらいけないって先生に言われでしょ。あぶないわよ。きまりをやぶったら、先生におこられるわよ」と注意を受ける。
・しかし、ゆうたろうたちは、ずっとうんていの上を歩いて遊んでいた。
・次の休憩時間、うんていの所に１年生が集まっている。
　その中で、女の子がひとり泣いている。
・うんていにたくさん土がついているから、その土で手をすべらせて落ちてしまったとのこと。
・「ぼくたちのせいだ。ぼくたちがうんていの上を歩いたから、くつの底の土がうんていについたんだ」
　ゆうたろうたちは思わず顔を見合わせた。

・ゆうたろうたちは、ふみとゆりから注意されたのに、無視してずっとうんていの上を歩いて遊んでいたのですね。
・次の休憩時間、うんていの所に１年生が集まっているので、どうしたのかと思って行ったら、女の子がひとり泣いているんですね。
・その女の子は、うんていについている土で手をすべらせて落ちてしまって泣いているのですね。
・それを見て、ゆうたろうたちは、
「ぼくたちのせいだ。ぼくたちがうんていの上を歩いたから、くつの底の土がうんていについたんだ」
と思わず顔を見合わせたんですね。

さて、この「ぼくたちのせいだ。ぼくたちがうんていの上を歩いたから、くつの底の土がうんていについたんだ」という文章に続けて、「きまりというのは……」という文章を作ってもらえないでしょうか。はい、5分。

　では、発表してもらいます。
　「きまりというのは、守らないと泣く人が出てくる」
　「きまりというのは、自分を危険から守るだけでなく、他の人の危険を守るためにもある」
　「きまりというのは、みんなのために必要だからあるんだ」
　「きまりというのは、守らないと、だれかが困ることになる」

　はい、ありがとうございます。
　みんな、すごいね。感心します。みんなの言う通りです。
　みんなが言うように、きまりというのは、自分のためだけではない。みんなの幸せを守るためにもあるんですね。
　だから、きまりは守らなくちゃいけない。
　きまりは守らなくちゃいけない。

　はい、あとは、今日の授業で感じたこと、思ったことを自由に書いてください。

2　暗い道徳授業は避けたい

　「うんてい」に関して、以下のような授業を多く見ます。
①導入：休憩時間の自分の生活について考える。
②展開前半：「うんてい」を読んで話し合う。
　・誘い合ってうんていまで走っているとき、ゆうたろうはどんなことを思っているでしょう？
　・ふみとゆりに注意されたとき、ゆうたろうはどんな気持ちだったでしょ

4　うんてい

う？
・思わず顔を見合わせながら、ゆうたろうはどんなことを考えていたでしょう？
（役割演技での発表にする）
③展開後半：自分の生活を振り返る。
・きまりを守れてよかったと思うのは、どんなときですか？
④終末：教師の説話を聞く。
・きまりを守ることはみんなのためになるんだ。

　役割演技は素晴らしいと思うのですが、どうでしょう、この流し方では、小学校高学年ではシラケてしまうのではないでしょうか。
　白々しい雰囲気が教室に漂わないでしょうか。
　中学校では、完全にダメですね。
　ふてくされたり、反発してきます。

　特に、展開後半の、「自分の生活を振り返る」活動。
　「きまりを守れてよかったと思うのは、どんなときですか？」
などと聞かれて、どんな顔をして級友に答えるのですか。
　「また、いい子ちゃんぶって」と陰口をたたかれる、そのことを心配し、ただ頑なに黙りこむ。
　きっと、そういう子がたくさん出てくるでしょう。
　この発問が通用するのは、せめて小学校中学年まででしょう。
　「自分の生活を振り返る」のは、高学年になれば、子どもの心のなかで、自然に静かに振り返らせるようにした方がいい。
　子ども自らが静かに振り返り、文章で書くように導くといいでしょう。
　高学年にもなって、自分の生活を振り返らせる場をつくり、全体の場で口で発表させるとなると、何かイヤな雰囲気になります。
　暗い道徳になります。

基本的に、道徳授業は、明るくなければいけません。
「あっ、なるほど、そうか。わかった！」
「すごーい、ものすごく感動した！　心が震えた！」
発見や感動があり、なにか自分の人生がパッと開けたような感じのする授業がいいです。
そのためには、子どもから引き出すこと。
「こうだからきまりを守ることは大事なんだ」ということを、資料から子どもが発見するように支援すること。

そして、教師の説話はできるだけ短い方がいいです。
子どもが発見したことを喜び、誉め、励ます、そういう感じの短い説話がいい。
長い説話は理解されないだけでなく、ときに反発心を招くことがあります。
要注意です。

5　眉毛を下げている3人へ

> ○資料…………教室内を描いた絵（佐賀県教育センター、佐藤幸規作）
> ○願い…………「傍観はいけない」ということを理解し、「クラスにいじめがあれば、何かしら助ける行動を起こしたい」という心を持ってもらいたい。
> ○対象学年……小学校低学年〜中学生

本資料を作成した佐藤幸規氏は、以下の指導目標を立て、2時間で授業実践を行っています。
【指導目標】
1時間目：「いじめ」についての見方・考え方を広げたり深めたりさせること

64　5　眉毛を下げている3人へ

　　　　で、「いじめはいやだ」という思いを抱かせる。
2時間目：「いじめ」についてこれまでの「自分」を振り返らせ、そこから目
　　　　指す「自分」を考えさせていくことで、「いじめをなくしたい」と
　　　　いう意志をもたせる。

　素晴らしい資料ですので、様々な授業方法が開発されていくことと思います。
　私の場合、「傍観はいけない」ということに視点をあて、以下のような実践
を行いました。

1　4月中には実施したい

（起立、礼）

はい、今日は、絵が描いてあるプリントで勉強します。

（佐藤幸規作：佐藤幸司編『とっておきの道徳授業Ⅴ』日本標準、p.152より転載）

絵を見て、「いけないなー」と思う箇所に○をつけていってください。
　……では、発表してもらいます。いけないなーと思うものひとつずつ。はい、この列。
　「左下の方で、女の子の髪の毛を男の子がひっぱっています」
　あぁ、そうだね。いけないねー。引っ張られている女の子はどうしてる？
　「足をバタバタさせて泣いてる」
　うーん、泣いているように見えるね。痛いよねー。では、次。
　「そのすぐ右で、大きな男の子を3人の男の子が蹴っている」
　あぁ、これもいけないねー。しかも、蹴っている3人は、何か楽しそうに蹴っているね。蹴られている子は悲しそうな困っている顔をしているのに。これはいけないねー。
　「そのすぐ右では、給食準備している女の子を通せんぼして、困らせているよ」
　「ごはんをついでいる男の子が、ご飯をとんでもなく大盛りにしているよ。女の子は目を丸くして驚いている」

　……はい、みんな、よく発見してくれました。
　このクラスには、いけないことがたくさんたくさんありましたね。
　ところで、「大きな男の子を3人の男の子が蹴っている」絵の左上に、何か悲しそうな心配そうな顔をして、この大きな男の子を見ている3人の子たちがいるのわかります？
　ひとりは男の子で、2人は女の子かな。3人とも眉毛が下がっている。わかりました？
　はい、では、この眉毛を下げている3人は、悪いか、悪くないか？
　いまから、立場討議をしましょう。

　立場討議というのはね、「悪い」というグループだったら、「これこれこうだから、悪い」という意見を言っていくのです。「悪くない」というグループだ

ったら、自分の本心とは違っても、「これこれこうだから、悪くない」という意見を述べていくのです。
　いいですか、自分の本当の考え、本心を言うのではなく、その立場に立って、意見を言っていくんですよ。

　では、こちら半分の人たちは、「この３人は悪い」という立場で。こちらの半分は、「悪くない」という立場で、意見を言っていくことにしましょう。

　まずは、こちら。「この３人は悪くない」という立場の人、意見をどうぞ。
　「これこれこうだから悪くない」という意見をどうぞ。

　「この３人は、蹴ったりしていないから悪くない。何も暴力をふるっていないから」
　「この３人は、蹴られている男の子のことを心配しているようだ。心の優しい子のようだ。だから、悪くない」
　他には。
　「すぐ右側には、何か喜んで見ている２人の男の子がいるが、この２人のように、人がいじめられているのをはやしたてたりしていない。いじめを見て喜んだりしていない。眉毛をさげた３人は、大きな男の子のことを心配しているのだ。いい人たちなのだ。だから、悪くない」
　「眉毛を下げている３人は助けたいんです。でも、それをしようとすると、今度は自分たちがいじめられるから、何もできないんです。これは仕方ないんです。悪いとは言えない」

　はい、ありがとうございました。
　周りの絵などもよく見て、鋭い意見を言えましたね。素晴らしいです。
　では、今度は、こちら。「悪い」という立場のグループ、意見をどうぞ。

「たしかに、蹴ったりしていないけど、心配そうに見ているだけじゃ、この大きな男の子はいじめられっぱなしじゃないか。だから、悪い！」
「この３人は、蹴られている男の子のことを心配している。心の優しい子だと思います。でも、勇気がない。勇気がないのはダメだ！　だから、悪い」
「この３人は、人がいじめられているのをはやしたてたりしていない。でも、いじめを見て喜んでいるこの２人に注意するぐらいできるのではないか。いや、しなくちゃいけないと思う。注意していないのは悪い」
「たしかに、注意すると、今度は自分たちがいじめのターゲットになるという不安もあるんでしょう。でも、だからといって、悲しんで苦しんでいる友だちをほっておくというのはいけない。とにかく、じっと見ているだけでは何も解決しないので、悪い」

　たくさんでてきましたね。ありがとうございます。
　「悪くない」の立場の人たちから、いまでてきた「悪い」という立場の人たちに質問や意見はありますか？

　……ありませんか。では、先生から、「悪い」という立場の人たちに質問です。
　では、この眉毛を下げている３人は、どういうことをしたらいいと思いますか？

「蹴っている３人に、"やめな"と言う」
「はやしたてている２人に、"喜ぶんじゃない。ふざけるな"と注意する」
「先生を呼びに行く」
「先生に訴える」
「注意しようとする仲間を増やす」

　……うん、そうですね。こういうことをするといいですね。
　じゃあ今度は、立場ではなく、君の本心からの気持ちを、この３人の眉毛を

下げてる人たちに手紙にして送りましょう。

「ぼくは、悪くないという立場で意見を言ったけど、〜などができるといいね。頑張って」という感じで、お手紙を書いてください。

お手紙を書き終えた人は、残りの時間は自習時間に使ってください。

2 傍観者への教育こそが重要

道徳の時間に学習することは、以下の3つです。

> ①わかっているけど、わかっていないこと
> ②あるいは、弱まっていたり、忘れてしまっていること
> ③いつもいつも見つめ直し、自己の心に問い直さなければならないもの

以上の3つを、道徳の時間に「補充、深化、統合」、すなわち、足りないものを補い、浅いものを深め、バラバラなものをまとめる、という形で学んでいくわけです。

・いじめは被害者(いじめられている子)と加害者(いじめている子)だけの関係で成り立っているものではない。観衆(積極的是認)や傍観者(暗黙的支持)がいるからこそ成り立っている。
・いじめの被害の多さは、学級内のいじめている子の人数や観衆の人数よりも、傍観者の人数と最も高い相関を示す。
・いじめの性質は、加害者だけでなく、周りの子どもたちの反応によっても決まる。
・いじめ防止には、いじめ加害者の周りの人々からの抑止力が不可欠である。
・いじめを行うと、友だちから「悪いことをしている」という視線が向けられることがいじめ防止の最大の圧力となる。

これらのことは、子どもたちもうすうす気づいているのではないでしょうか。

傍観はいけない、ということは、ほとんどの子が頭ではわかっているものです。しかし、弱まったり、ときに忘れてしまったりする。

　それゆえ、
「傍観者が増えると、いじめっ子は、その力を増す。一方、傍観者が減り、注意する雰囲気が学級内にあると、いじめっ子の力は弱まる。いじめっ子がしていることを黙って見ていることは、いじめっ子のしていることを認めることになり、いじめっ子の勢いを限りなく増大させていく。ゆえに、黙って見ていること、傍観は『悪』である」
ということを、何度も何度も学び直していく必要があるのです。

　子どもたちに、なんとしてでも、
「黙って見ていること（傍観）はいけないんだ！　注意する勇気を持とう。注意できる正義と勇気のある人間が立派な人間なんだ。あぁ、私はそんな人間になりたい」
という心を持ってほしい。
　本授業のような実践を通して、傍観者を減らす取り組みが全国の学校で行われますことを心から希望致します。

　なお、茅ヶ崎市内の中学3年生のクラスで、本授業を実践してくださった先生がおられます。そのクラスでは、以下のような手紙が書かれました。紹介します。

【眉毛を下げている3人へ】
目の前でいやがらせをされている人がいる。
それを君たちは知っている。
でも、ただ見てるだけだ。
いやがらせをされている人はきっと君たちにSOSを心の中で求めている。

5　眉毛を下げている3人へ

> それを君たちは無視して何もしない。
>
> 君たちはどっちなんだ。
> 助けるのか、それとも無視し続けて、いやがらせの仲間の一員になるのか。
>
> 君たちはひとりじゃない。
> 3人そろっていけば、相手の人数と変わらない。
> それが怖ければ、他の人を呼べばいい。
> いま、君たちは変われる。
> さぁ、一歩を踏み出せ。
>
> 【眉毛を下げている君へ】
> 私は、君たちの表情を見て、助けたいのに助けられない悔しさ、そして、もどかしさが伝わってきました。
> 私も助けたいけど助けることのできない悔しさはとてもよくわかります。
> 経験したことあるから。
>
> でも、ずっと見てるだけじゃ何も変わらない。
> いじめられてしまっている子の心がズタズタになってしまう前に、助けてあげてほしい。次は、自分がやられるかも、という考えは捨てて。
>
> もし、その子を助けて、自分が次の標的になってしまっても、君たちはひとりではないから。
> だから、先生に相談するだけでもいいから、その子を助けてあげてほしい。
> 大変なことになる前に……。

嬉しく思います。本当に嬉しく思います。

私の講演を聞き、早速、授業実践に取り組んでくださった先生がいてくださったこと。

そして、授業を通して、先生が、子どもたちの「人間の心」をグイと引き上げ、「正義の風」をクラスに広め、いじめ問題の低減を図ってくださっているということ。

こういう先生がいてくださる限り、日本の教育は大丈夫です。
日本の教育は決して死んでいません。
日本の教育、日本の教師には、大いに希望が持てます。

6 朝がくると

○資料…………「朝がくると」
　　　　　　　（まど・みちお『まど・みちお少年詩集まめつぶのうた』1973より）
○願い…………学校に行く意味をストンとわからせたい。
○対象学年……小学校高学年～中学生

1 （学校に行く意味を考え出した子らに）授業実践
（起立、礼）
　いきなりですが、質問です。
　みんなはいったい何のために学校に来ているのですか？　（間）
　みんなはいったい何のために学校に来ているのですか？　（間）

「考えたことないです。習慣かなっ」
「友だちに会うためです」
「勉強は嫌いだけど、部活は楽しい。部活があるから来ています」
「行かないと、親がうるさいから。ギャアギャア言うから」（ハッ、ハッ、ハッ）

　そうですかー。いろいろありますねー。
　じゃあ、今日の道徳は、何のために学校に行くのか、まど・みちおさんの詩を読んで、みんなでグーンと考えてみましょう。（プリント配布）

6　朝がくると

　　　　朝がくると
　　　　　　　　　　　　　　　　　まど　みちお

朝がくると　とび起きて
ぼくが作ったのでもない
水道で　顔をあらうと
ぼくが作ったのでもない
ごはんを　むしゃむしゃたべる
それから　ぼくが作ったのでもない
本やノートを
ぼくが作ったのでもない
ランドセルに　つめて
せなかに　しょって
さて　ぼくが作ったのでもない
靴を　はくと
たったか　たったか　出かけていく
ぼくが作ったのでもない
道路を
ぼくが作ったのでもない
学校へと
ああ　なんのために

い（　　　　　　　　　　　　　）
ぼ（　　　　　　　　　　　　　）
な（　　　　　　　　　　　　　）
で（　　　　　　　　　　　　　）

　最後の４行は、わざと（　）にしました。（　）の中には、何という言葉が書かれていると思いますか。予想してみてください。

　（８分程度与える。机間指導をし、ユニークな考えや鋭い考えを見つけておく）

第1章　価値の内面的自覚を図る道徳授業　73

では、指名します。発表してください。○○君。
「い　ろんな理由があるけれど
　ぼ　くがぼくになるために
　何　かをつかむために
　出　会いを求めて」（ほぉー。拍手）

次、○○さん。
「い　いところを伸ばすために。自分のいいところをもっと伸ばすため
　ぼ　ーっとしないで、目的意識をもって過ごせるように
　泣　かないでいいように。将来、泣かないでいいように
　で　きないことができるようになるために」（なるほどー。拍手）

はい、では、まど・みちおさんはどのように書いているのか教えます。
先生が読みますので、プリントに書き込んでください。

```
　　い（まに　おとなになったなら　　）
　　ぼ（くだって　ぼくだって　　　　）
　　な（にかを　作ることが　　　　　）
　　で（きるように　なるために　　　）
```

○○君、書き込んだところ読んでくれますか。（4行読む）
では、○○さん、今度は最初から最後まで、全部通して読んでくれますか。
（全文読む）

ありがとうございました。
「いまに　おとなになったなら　ぼくだって　ぼくだって　なにかを　作ることが　できるように　なるために」
学校へ行くのだ、というまど・みちおさんの詩をどうかどうか覚えておいてくださいね。

74　6　朝がくると

「いまに　おとなになったなら　ぼくだって　ぼくだって　なにかを　作ることが　できるように　なるために」
　学校へ行くのだ。(強く語る)

　以上で今日の授業は終わります。
　残りの時間で感想を書いてください。

2　「自覚」へのいざない
「この授業の価値項目はいったい何になるの？」
「望ましい生活習慣？　愛校心でもないし……」

　24の価値項目にぴったりあてはまらないからということで、授業実施を躊躇する必要はありません。
　ぴったりあてはまらなくてもいいです。
　現行の学習指導要領は最低基準を示すものであって、学校あるいは教師が必要かつ重要であると考える事項を付け加えて指導してもよいことになっています。
　先生が、自分のクラスの子が人間として生きるために必要だと思われたら、即、授業化してください。
　どうぞ、思いっきり、迷わず実行してください。

「何のために学校に行かねばならないのか？」
　思春期の子どもたちは必ず疑問に思います。
　その時に、その子どもたちの理解力に応じて、きっぱり答えてやらねばなりません。
　ストンと子どもの心に落ちるような答えを与えてやらねばなりません。

「自覚」へのいざないです。

道徳授業を通して、一人ひとりの「あぁ、こうだから、やっぱり学校に行かなければならないんだ」という「自覚」へのいざないを行っていくことが私たち教師の仕事です。

7　お料理教室

○資料………「男と女」「いのうえさん」「おとこどうし」「おりょうりきょうしつ」
　　　　　　　（鹿島和夫編『１年１組せんせいあのね』　理論社，1981）
○願い………「自分はちょっとしたことで、カッとなり暴言をはいたりしている。それなのに、小学１年生の女の子が、自分を抑え、相手を思いやる言葉をかけることができている。一体、いまのオレは何なんだ」と自分を振り返ってほしい。
○対象学年……小学校中学年～高校生

1　小学１年生の美しい心

今日の道徳は、この本で勉強しましょう。

『１年１組せんせいあのね』

小学１年生が、担任の先生に「せんせい、あのね……」という感じで、詩などを書いてきているんです。

その作品から学んでみましょう。おもしろいのが、たくさんあるぞー。

　　　【いのうえさん】
　　　　　　　　　　　　　　　　　くどう　たもつ
　ひとのこころがうつるかがみがあったら
　ぼくが　いのうえさんが　すきなことが　わかってしまう
　こまるなあ　いわおくんも　すきやったら　どうしよう

7 お料理教室

【おとこどうし】

もとおか　しんや

ぼくが　あそんでいるとき　ちんちん　けがしてんで
それで　おとうさんに　はんだぷらすと　はってもろてんで
おとこどうしやで

【男と女】

おかの　まり

せんせい　男と女と　けっこんしたとき　あいしあっとうけど
１しゅうかんか　２しゅうかん　たっていったら　なかがわるくなるな
どうしてやろ
にんげんが　ぼろになってくるからかな

　どうですかぁ？　ドキッとしたのあった？　はい、この列。
　……「仲が悪くなるのは、人間がぼろになってくるからかな」なんて、ほんと、スゴイよね。考えさせられますね。
　小学１年生の「心」にふれることで、ハッとさせられることや考えさせられることがたくさんありますね。
　では、今度は、次の詩を読んでみましょう。

【おりょうりきょうしつ】

こうき　あけみ

がっこうから　おりょうりきょうしつの
てがみ　もってかえって
おかあさんに　みしたら
「おしごとが　いそがしいから　いかれへん」
というた
わたしは

> 「　　　　　　　　　　　　　　」
> 　というて……。　　　　　　　　　　　　　　　（p.78より）

　はい、あけみちゃんは、「学校でお母さんと子どもが一緒になってお料理を作る教室があります」という学校からのお手紙をお母さんに渡したんですね。
　でも、お母さんは仕事が忙しいから行けない、って。
　でもでも、きっと、お友だちは、みんなお母さんが来てくれて、楽しく参加するんですよね。自分だけ、お母さんが来られなくて、ひとりぼっちでやらなくてはいけない。

　こういうとき、普通、小学1年生の子だったら、どう言うと思う？
　「寂しい」
　「自分だけひとりぼっちなんて、嫌だ」
　「もう行きたくない。私、学校休む」

　はい、そうでしょうね。小学1年生の子だったら、きっとそうですよね。
　悲しくて、つらいですよね。泣きますよね。

　……でもね、あけみちゃんはこのように言っています。
　「いまのまんまでも　おいしいよ」（黙って黒板に大きく書いていく）
　（その後、間）
　本当は寂しくて悲しくて辛いだろうにね、なんと、おかあさんに、
　「いまのまんまでもおいしいよ。だから、お料理教室に来る必要なんかないよ。私ひとりでもへっちゃらだよ。お母さん、お仕事がんばって」
　と言っているんですよ。

　もう、先生、心が震えてしまいましたねー。
　普通、小学1年生は自分中心でしょう。自分のことしか考えられないでしょ

う。
　ところがあけみちゃんは、自分の気持ちを抑え、相手の心を察し、相手を思いやる言葉をかけることができている。
　これは、スゴイ。ほんとにスゴイ。あけみちゃんはスゴイ。
　先生は、あけみちゃんからほんとに学ばされました。
　今日の授業はこれで終わります。
　残り時間で、「あけみちゃんの詩を読んで」という感想を書いてください。

2　中学校では、「書く活動」と「読み合う活動」で対話を

　話し合い活動は、道徳授業の根幹をなす基本的な学習方法です。
　しかし、中学生になると話し合わなくなります。
　では、どうすればいいのか？

　中学生の自己内対話を活性化させるには、「書く活動」を多用することです。
　書く活動は、子どもが「自己」と対峙してじっくり考えをまとめる個別活動の場です。それゆえ、この「書く」活動には、照れを感じることが少なく、中学生でも素直に自己を見つめることができるのです。

　それから、相互の対話を活性化させるには、「読み合う活動」を重視すればいいです。クラスメイトの様々な意見を読み合うなかで、心の内で級友と対話をし、自己を見つめ、磨き、深めてくれます。

　本授業も、中学生には、「話し合い活動」ではなく、「書く活動」と「読み合う活動」を中心にして構成する方が効果的です。

第1章　価値の内面的自覚を図る道徳授業　79

8　幸福の王子

> ○資料………『幸福の王子』（オスカー・ワイルド　原作）
>   　　　　　（原マスミ　絵・抄訳, ブロンズ新社, 2010）
> ○願い………「人間にとって、もっとも美しく、尊いものとは何なのか」
>   　　　　　をクラスで深く考えあい、「愛」の真実に少しでも迫ることが
>   　　　　　できるといい。
> ○対象学年……小学校中学年〜高校生

1　「愛」を考える絵本

今日の道徳は、ゲストティチャーをお迎えしています。
ジャジャン、○○先生でーす。ハクシュー。（○○先生、登場）

はい、読み聞かせのプロの○○先生に、この絵本を読んでいただきます。
ジャジャン、『幸福の王子』。

どんな王子かな？　絵本の表紙から考えてみて……。
はい、どうぞ。
「なんか優しそうな王子」
「小鳥とお話ができる王子。動物が好きな王子」
「いや、なんか、悲しそうな、寂しそうな表情にも見える。本当は幸福ではないんじゃないか？」

おーぅ、どうなんでしょうね。
どんな王子なんだろう？

8　幸福の王子

では、〇〇先生、お願い致します。
みんな、画面を見ながら、じっくり聴いてくださいね。

『幸福の王子』あらすじ

・町の広場に、少年の銅像が立っていた。
　目には青いサファイヤ、剣の柄には大きな赤いルビーがうめこまれていた。
　だれもが、その美しく、りりしい姿をたたえ、その銅像は、「幸福の王子」と呼ばれるようになった。

・秋も近づいたある晩、町の上を、一羽のツバメが飛んでいた。
　今夜は、この町で一夜の宿をとることにしようと、銅像の足下に降り立った。
　ポタリ！
　大きなしずくが、頭に落ちてきた。
　そのしずくは銅像の少年の瞳から、あふれ落ちていた。
　王子の涙だった。

・王子は澄んだ瞳に、涙をいっぱいためたまま話し始めた。
　「ここに立ってみると、町には、辛く、苦しい暮らしをおくっている人が、大勢いることがわかったんだ。
　路地裏に住む親子は、男の子が病気で苦しんでいるのに、貧しいから、お医者にみせることも、薬を飲ませることもできないんだ。
　ツバメさん、この剣のルビーをひきぬいて、その親子に届けてくれないかな？」

・ツバメは、疲れていたし、明日の朝には、エジプトへ出発しなければいけないので、断ったが、王子が声をあげて泣き出したので、ルビーを届けにいくことにした。

・次の日、エジプトに旅立とうとすると、王子が、
　「裏通りの貧しい屋根裏部屋の若い物書きに、ぼくの目のサファイアをひとつ抜き取って届けてくれないか」と。

「そんなこと、私には、とてもできません」
と、今度は、ツバメの方が泣き出してしまった。
王子が懇願するので、ツバメは泣きながら、王子の目を抜き取った。

・次の日は、もうひとつの目のサファイアをマッチ売りの女の子へ、と頼まれる。
渡り鳥は寒い所では生きていけない。
エジプトに旅立たなければ、自分の命が危ない。しかし、王子が、
「ぼくの最後の頼みを聞いてくれ」
というので、ツバメは仕方なく、涙をこぼしながら、王子のもう片方の目を抜き取ると、マッチ売りの女の子の所へ向かった。
これで、王子は目が見えなくなってしまった。
「王子さま、これからはずっとあなたのおそばにいます。どこにも行きません。私が王子さまの目の役目をいたします」
ツバメは決心した。

・王子は、今度は、
「宝石はなくなってしまったが、自分の体に貼られている金箔を1枚、1枚、貧しい人たちに配ってあげよう」
と考える。
ツバメは、王子の言うことに、もう反対はしなかった。
ツバメは大忙し。
そして、王子は、地肌がむきだしになった、灰色一色の姿になってしまった。

・この年最初の雪が舞い降りてきた日、ツバメは冷え切って、静かに息を引き取る。
王子も、あまりの悲しみに胸がはりさけて、ツバメのあとを追うように、息絶える。
王子は、手足をばらばらにされ、ツバメの死骸といっしょに、町外れのゴミ置き場に捨てられた。
「これじゃあ、不幸の王子ですな」
と言われて。

8　幸福の王子

・神さまの住む、天の宮殿で、天使たちをあつめて、神さまが命じた。
「あの町で、もっとも美しく、尊いものをふたつ、もってきなさい」と。

※実際の読み聞かせでは、ここでストップ。
「もっとも美しく、尊いもの。天使たちは、２つ、何を持ってくると思う？」
と発問。
列指名で、数名に答えてもらう。
……では、後半、見てみましょうか。
はい、この絵から見ると、

「バラバラになった幸福の王子とツバメを持ってきた」
そうですね。君たちの予想が当たっていましたね。
じゃあ、続きを〇〇先生、読んでください。

・天使たちは、ゴミ置き場から、バラバラになった幸福の王子と、ツバメの亡きがらを探し出して、神さまの前に差し出しました。
「　　　　　　　　　　　　　」

はい、最後、神さまが、天使たちに何かおっしゃっているんですが、何て言っているんでしょう？
　どうぞ、予想して。この列。
「えっー、わかりません」
「よくぞ、見つけてきた、なんて」

　実はね、絵本にはね、〇〇先生、何て書いてあるんでしょうか？
「よくぞ、正しくえらびました」

　うーん、神さまは、あの町で、最も美しく、尊いものは、「バラバラになった幸福の王子」と「ツバメの亡きがら」であると言われているのですね。

みんな、もう少し突っ込んで考えてみよう。
「最も美しく、尊いものは、『バラバラになった幸福の王子』と『ツバメの亡きがら』である」ということは、最も美しく、尊いものとは、一体どういうものなんだろう？

　（ひとりで考え、書き　→　4人組で語りあい　→　学級全体で深めあう）

各グループで、どんな意見がだされたのか発表してください。
「苦しんでいる人や困っている人のために頑張ること」
「最も美しく、尊いものとは、宝石などのキラキラした高価なものではなく、お金で計算することができない人を思う心のこと」
「自分のことより他人のために尽くそうとする人のこと。なかなかできないけど」
「自分を犠牲にしてでも、人の幸せを願う、心の優しい人のこと。たとえば、"子を思う親の心"など」

はい、ありがとうございました。
みんな、実は、今日はね、人間にとって、ものすごく深ーい、深ーいものをみんなで学びあっているんです。
うん、先生はね、最も美しく、尊いものは、「愛」であると思うんですが、「愛とは何か？」ということを、「バラバラになった幸福の王子」と「ツバメの亡きがら」から、みんなで考えあっているんです。
今日は、大学生でもわからないような難しい授業をしているんですよ。

では、もう一度言います。（板書する）

①最も美しく、尊いものは、「バラバラになった幸福の王子」と「ツバメの亡きがら」である。

②最も美しく、尊いものは、「愛」である。
③「バラバラになった幸福の王子」・「ツバメの亡きがら」＝「愛」
　では、愛とは何か？

をみんなで考えたんです。
　みなさん、今日、この絵本に初めて出会ったと思いますが、これから、「最も美しく、尊いものとは？」とか「愛とは？」について悩んだとき、もう一度、この絵本を読んでみてください。
　読めば読むほど、考えが深まっていくと思います。

　では、今日の授業はこれで終わります。
　残り時間で、
①絵本を読んで思ったこと
②友の「愛」についての考えを聞いて感じたこと
を書いてください。

2　柔軟な授業づくり

　現代の日本社会で特に大事にされるべき道徳的価値として、
・「自他の生命の尊重」
・それを基盤とした「人権尊重」
・そして「共生の希求」
の３つが強調されることがあります。
　そして、「愛を！」「平和を！」「共生を！」と声高に叫ぶことになります。
　しかし、叫びはしても、現実に自分の命を捧げるということまではほとんどしません。

　このような我々現代人に、「幸福の王子」と「つばめ」は、愛の本来の厳しい姿を見せつけています。

愛を叫びながら、愛とは何かを正面切って考えたことがない現代人は多いものです。

天使が神さまから、「この町で最も美しく、尊いものを持ってくるように」と命じられ、天使が、王子の「命をかけた愛」と、「その真の意味での同情者」を選んだことは、重く、深く、私たちの心に突き刺さります。

作者のオスカー・ワイルドは、「このお話は子どものためじゃないんだ。子どものような心を持った18歳から80歳の人たちのためなんだ」と語ったと言います。

私たち教師が、何度も何度も読み返し、「愛」についての考えを深めて、子どもたちの理解力に応じた柔軟な授業づくりを行っていきたいものです。

9　伊能忠敬

今の子どもたちに出会わせたい歴史上の人物と言えば、私は、伊能忠敬なんです。

社会学者の佐藤俊樹氏は、「『努力すればナントカなる』社会から『努力してもしかたがない』社会へ、そして『努力する気になれない』社会へ」移行していると指摘しています。

確かに、今の子どもたちを見ていると、10代というのに、もうすべてあきらめちゃって、「努力する気になれない」という子もいるように感じるんです。

これではいけません。絶対いけません。

努力することは大切なんですよ。そして、どんな時代だって、真面目に努力していれば、必ず道は拓けるんです。花を咲かすことはできるんです。そのことを子どもたちに何としてでも伝えたい。子どもたちに勇気を与えたい。そのために、私は、伊能忠敬なんです。

こんなふうに授業を行ってみればどうでしょう。

9 伊能忠敬

はい、この人はだれ？（伊能の肖像画を見せる）
そうですね。伊能忠敬について何か知っていることありますか？
……この正確な地図を作った伊能忠敬のことがね、なんと心のノートに書いてあるんですよ。読んでみましょう。

「学問の志を抱いたのは50歳」と書いてありますね。
当時の50歳というのは、今でいうと何歳くらいになるんでしょう？
「70歳」「いや、100歳」
はい、はっきりとはわかりませんが、この時代にあっては死が近い年齢ということは言えます。そんな年から学び始め、その後全国を測量してまわると書いてありますが、そんな高齢でどうやって全国を測量したんでしょう？ 江戸時代に車とかないしね……。
「馬に乗って測量した」「本当は若い人に測量させた」

じゃあ、ビデオ（堂々日本史）を見てみましょう。

> 56歳から71歳まで全国を実際に歩いて測量した。歩幅は69センチきっかり。歩いた距離は3万4913キロ。

71歳まで歩いて測量したことがわかりましたが、足は悪くならなかったのでしょうか？ 高齢だからね。あと、目とかも。それに、きっと他にも困ったことあっただろうね。
伊能にどんな困難があったと思う？
予想をノートに3つ以上書いて下さい。……4人グループで発表しあって下さい。……グループで出てきた予想を聞かせて下さい。
「やはり、足腰が悪くなったのではないか。今みたいに運動靴はないだろうし。それに、コンビニもないわけだから、毎日の昼ご飯や水にも困っただろ

う」

　はい、じゃあ、もう一度ビデオ（その時歴史が動いた）を見て、みんなの予想があっているかどうか確認しましょう。

> 歯が抜け落ち、タクワンさえ食べることができない。体はガタガタ。
> そして、優秀な部下を亡くし、絶望。

　しかし、伊能はこの絶望のなかから立ち上がり、世界を驚かす正確な日本地図を作り上げるんですね。
　伊能は、決して天才ではない。私たちと同じ平凡な人だと思います。その平凡な人が50歳を過ぎてからコツコツコツコツ頑張って作り上げた傑作ですね。
　（板書する）「夢を持ち、根気強くコツコツ続けるとスッゴイことができる！」
　「凡人の偉大なる力」を伊能は私たちに教えてくれています。
　凡人の持続力が歴史に残る偉大なるものを作り上げるんです。

＊＊

　「私が伊能忠敬の授業で一番びっくりしたのは、日本全国を歩いてまわって地図を作ったということです。自分の体がボロボロになってもひたすら歩き続ける忠敬はとってもかっこいいと思います。伊能忠敬の授業で、人間、"やろう！"と思って一生懸命やれば、できないことはないんじゃないかなと思いました」
　生徒の感想です。伊能の人生に感動し、伊能から勇気をもらっていることがわかります。伊能の生き様を「かっこいい」と感じる感性を持っているんですよ。
　これを子どもたちの間に広めたいですね。

　現代の緩んだ安楽な生活が長く続くと、どうしても、
・「大人も子どもも、我慢する機会も自省自戒することも少なくなってくる」

- 「規律やケジメとも無縁になりがちとなる」
- 「優れたものへの憧憬や尊崇の気風も薄れてくる」
- 「日本の伝統的な価値観が見失われ、人としての修養に努める気風も廃れてくる」

そして、人としての育ちが不十分なままになってしまうのです。

現代を人間らしくより善く生きようとするには、そのモデルを持つ必要があります。よい生き方にたくさん出会った子どもたちは、自分もそんな生き方をしてみたいという憧れの気持ちを持ちます。

思春期の若者には、具体的な自己形成のモデルが必要なんです。

伊能忠敬を自己形成のひとつのモデルとし、「豊かさゆえの貧困」がはびこるこの現代を、強くたくましく一途に生きてほしいものです。

10 わたしのいもうと

○資料………『わたしのいもうと』
　　　　　　（松谷みよ子　文，味戸ケイコ　絵　偕成社，1987）
○願い………「自分は決して人をいじめることはしないぞ。そして、ひとりぼっちの人がいたら、自分ひとりだけでも声をかけてあげよう。自分はそういう人間になりたい」という気持ちを抱いてほしい。
○対象学年……小学校中学年～中学生

1　授業実践

起立、礼。お願いします。
はい、みんなのなかで妹がいる人いますか？

第1章　価値の内面的自覚を図る道徳授業　89

……どんな妹さんですか？　妹さんのよいところを発表してください。（数名に聞く）

……では、この本を見てください。
「わたしのいもうと」という題名ですが、表紙の絵から想像すると、どんな妹さんなんでしょう？
「なんかさびしそうな感じのする妹さん」
「人形を投げつけるほど悲しい気持ちになっている妹」
「手を後ろでキュッと結んでいるから、何かとても言いたいことのある妹」

あー、鋭い想像ですね。
実際はどんな妹さんなんでしょう。じっくり読んでみましょう。

（最初から最後まで、全文をゆっくり読む）

どうでしたか。これは、本当にあった話をもとにつくられたものなんですよ。心にグサリときますね。
この絵本に書かれていたことを整理してみましょう。
次のプリントの（　　）にあてはまる語句を絵本から見つけ、書き込んでください。

・妹は、小学校（　　）年生の時に引っ越してきた。
　ふざけたり、（　　）だりする女の子だった。
・転校した学校で（　　）が始まった。
　（　　）がおかしい、（　　）ができないからと……。
・（　　）（　　）と言われた。

10　わたしのいもうと

・妹が給食を配ると（　　　）くれない。
・とうとう、（　　　）口をきいてくれなくなった。
・ふた月たち、遠足に行ったときも、妹は（　　　）。
・妹は（　　　）へ行かなくなった。

・（　　　）も食べず、（　　　）もきかず、黙ってどこかを見つめ、
　（　　　）の手もふりはらう。
・そのとき、つねられた（　　　）がたくさんあるのがわかった。

・妹はやせおとろえ、このままでは（　　　）がもたないと言われた。
・お母さんが必死で（　　　）くちびるにスープを流し込み、（　　　）
　（　　　）一緒に眠り、子守唄を歌って、ようやく（　　　）をとりとめた。

・いじめた子たちは、（　　　）になってセーラー服で通う。
　（　　　）しながら、カバンをふりまわしながら。
・でも妹は中学生になっても、ずうっと部屋に（　　　）、本も読みません。
　（　　　）も聞きません。
　黙ってどこかを見ている。（　　　）もくれない。

・そしてまた年月がたち、妹をいじめた子たちは（　　　）。
　わらいながら、おしゃべりしながら……。

・妹は（　　　）をおるようになった。
　でもやっぱり（　　　）はくれない。
　（　　　）をきいてくれない。

・お母さんは（　　　）隣の部屋でつるをおる。

・ある日、妹はひっそりと（　　　）にました。

できましたか？
確認していきましょう。

絵本に書かれていたことを整理してみましたが、この活動のなかで、疑問

（不思議）に思ったことはありましたか？
　疑問（不思議）に思ったことをすべて書き出してみましょう。（5分）

　では、4人組で、自分の「疑問」を発表しあってください。
　（十分時間を与えた後）各グループ、どんな疑問が出てきたのか発表してください。

　「言葉がおかしいとか、跳び箱ができないという理由でいじめていいのか？」
　「給食を受け取ってくれる人はひとりもいなくなったのだろうか？　そんなことをしたらいけないという声は、そのクラスには起きなかったのだろうか？」
　「どうして、だれひとり口をきかなくなったんだろう？」
　「ふた月たって、遠足に行ったときも、ひとりぼっちって書いてあったけど、担任の先生は何も気づかなかったのだろうか？　先生に教える人もいなかったんだろうか？」

　……はい、ありがとうございます。
　先生も、みんなと同じようにたくさんの疑問がでてくるのですが、特に思うのはね、○○さんのグループが言ってくれた、「どうして、だれひとり口をきかなくなったんだろう？」ということ。
　「あっ、この人いじめられている。かわいそう」と思い、自分から声をかけてあげる子はひとりもいなかったということですよね。
　うーん、このクラスには、自分から声をかけてあげる、そんな子はひとりもいなかったということですが、そのことについてみんなはどう思いますか？

　あとは、そのことについてどう思うかプリントに書いてください。
　プリントを提出した人は、自学の時間とします。（※翌日の学級通信で紹介する）

2 「よい資料には」どっぷりと

　現場の先生方からの「効果的だと思われた資料の調査」(H24)によると、『わたしのいもうと』は、小学校中・高学年、中学校段階でのそれぞれで効果的だったと挙げられた唯一の資料ということです。
　子どもたちのいのちを軽んずる問題に対して有効な資料はいくつかありますが、そのなかでも、この『わたしのいもうと』は、小学校3年生から中学生まで、幅広く考えさせることのできる極めて優れた資料であることがわかったのです。

　この絵本を用いた授業は、児童・生徒の実態に応じ様々であっていいのですが、私は、この『わたしのいもうと』を資料として用いるときは、その他の資料と組み合わせたり、別の話を付け加えないようにしています。

　その1時間は、絵本『わたしのいもうと』だけに、どっぷりつかる。
　そして、「あぁ、いじめは絶対いけないなー」ということと、「私、いじめられている人がいたら、私ひとりだけでも声をかけてあげたい！　私、そんな人間になりたい！」と感じてもらう。
　それだけにしぼります。

　ゴチャゴチャ言わない。子どもの心の容量はそんなに大きくなく、一度にいくつも入らないのです。たくさん与えられると、わけがわからなくなる。
　何が大事だったのか忘れてしまう。感動が薄れてしまうのです。

　ですから、「1時間は50分だから」と、頑なに50分授業にする必要はない。
　短くてよい。いいものを短くスパッと与え、子どもたちが「ワッ！」「アッ」と感じる、心が震える、感動する、そんな授業をつくるべきです。
　私は、2つのことを感じてもらうことだけを願い、『わたしのいもうと』一資料で、短時間（20分〜30分）で授業を組み、勝負します。

3　「小さな発問」の繰り返しにしない

　発問に関しては、資料の各場面での問いである「〜のとき○○はどんな気持ちだったか？」などの「小さな発問」の繰り返しにならないように気をつけなければなりません。

　永田繁雄先生は、「発問の対象・大きさと発問例」を以下のようにまとめています。

発問の大きさ		
小	場面を問う (人物の気持ちや行為の理由など)	・〜のとき○○はどんな気持ちか？ ・〜のとき○○はどんなことを考えたか？ ・〜のとき○○がそうしたのはなぜか？ ・〜のとき自分が○○ならばどうするか？
	人物を問う (主人公の生き方など)	・○○の生き方をどう思うか？ ・○○の心を支えているのは何か？ ・○○と○○の考えはどう違うのか？ ・○○にどんなことを言いたいか？
	資料を問う (資料の意味や持ち味など)	・この話からどんなことがわかるか？ ・この話のどんなことが問題なのか？ ・この話の□□についてどう思うか？ ・この話が心を打つのはなぜか？
大	価値を問う (主題となる価値や内容など)	・自分は□□についてどう考えるか？ ・本当の□□とは何だろう？ ・□□はなぜ大切なのか？ ・□□と□□とはどんな違いがあるのか？

　道徳を「小さな国語」の授業にしないためにも、価値や資料や人物を問う「大きな発問」を中軸に据えた授業を今まで以上に創りだしていく必要があります。

11　27年も忘れられないこと

> ○資料…………広島県の主婦によって新聞に投書された
> 　　　　　　　「二十七年前のS君のこと」　　　（新聞社名及び発刊日時不明）
> ○願い…………「こんなひどいいじめは絶対にしないようにしたい」と強く感
> 　　　　　　　じてほしい。また、クラスのなかで、「仲間にこんな悲しい思い
> 　　　　　　　はさせないようにしよう」という声があがるようにしたい。
> ○対象学年……小学校高学年〜高校生

1　子どもが疲れていないとき（じっくり読むことができるとき）に授業実践

　今日は、ある新聞に投書された文章を読みます。
　38歳の主婦の方が書かれた文章なんですが、主婦の方が「27年も忘れられないこと」について書いているんです。
　27年も忘れられないことって、いったい、何なんでしょうね？
　はい、この列、いきましょうか。

　「えっ、主婦……初恋」（笑）
　「えっ、27年もでしょ。だったら、とっても嫌なこと」（なるほど）
　「いや、とっても恥ずかしかったこと」（おぅー、なるほど）

　どうなんでしょう。じゃあ、読んでみましょう。

> 　　　　二十七年前のS君のこと
> 　　　　　　　　　　　　　　　　　　　　　　主婦（38）広島県
> 　五年生の時転校してきたS君を、クラス中が汚物のように扱っていた。
> 無論私も含めて。

誰かが「Sは不潔だ」と言ったのがきっかけだったように思う。
　しかし今思えば、たとえ本当に不潔だったとしてもその事で別に級友に迷惑をかけたわけではない。
　不潔、たったそれだけの事が、以後二年もの間、あれ程までに陰惨ないじめを受ける理由になるのであろうか。

　教室では、まず嫌な物、汚い物の代名詞としてS君の名が使われた。
　男子が女子をからかう時「Sの垢（あか）をくっつけるぞ」と言って追っかけるのが最も効果的だった。
　女子はそれを聞いた途端に悲鳴をあげて逃げまどうのだ。
　また隣り合った男女は机をつけなければならなかったが、誰が隣になってもS君とだけは離したままだった。
　そのためS君のいる筋は一人だけはみ出した格好で見苦しく、いつも担任は机を整えるようS君を叱った。

　フォークダンスの時は、相手が代わってS君になると誰も手をつながなかった。
　一人で足だけ動かしているS君に、他のクラスの先生が注意した。
　先生たちは何も知らない。S君が悪い訳ではないという事を。

　私は良心が痛んだが、いじめをやめようと言い出せなかった。
　S君をかばったという事で、私まで同じ目に遭わされるのが怖かったのだ。
　毎日男子にこづかれ罵（ののし）られ、かばんを蹴（け）られている彼を見て、私はふっと父を思った事がある。
　私には姉妹しかいないので一番身近な男性は父だった。
　もし父が子どものころ、S君のような経験があったとしたら……と想像するだけで、恐ろしくて身震いがした。
　身内が他人にいじめられるのを見る辛さ、それは想像を絶する。

　図工の授業で、S君が父親の立派な工具を持って来た時、男子がふざけてそれを隠した。
　普段彼は自分がひどい仕打ちをされても黙っていることが多かった。
　しかしその時ばかりは逆上し、数人の男子を相手に暴れ、吠え、泣きわめい

た。
　土曜の放課後の校庭で、騒ぎはまたたくまに校内に知れ渡り、他の児童も遠巻きに見ていた。

　少し離れた所にぽつんと、S君の妹がいた。
　はにかむような泣きそうな顔で、騒ぎの輪の中の吠える兄を見ていた。
　転校先で汚物扱いされいじめられている、たった一人の兄を、この十歳足らずの女の子はどんな思いで見ていたのか。
　学校内では孤独だったS君の生活の中で、唯一の心の拠り所は自分を受け入れてくれる家族だけだったに違いない。
　だからこそ、父の工具をいじめの手段に使われた時、彼は爆発したのだ。
　悔し涙を流し暴れる彼を見て、またそれを見つめる妹を見て、私の胸はチクリと痛んだ。

　また、こんなこともあった。
　私は友達と駄菓子屋へ行った。
　薄暗い狭い店内にS君と妹が来ていたが気付かなかった。
　しばらくして友達が、すぐそばにS君がいることに気づき、びっくりしてのけぞりながら、「わあっ、Sがいる！Sがいる！」と呼び捨てて叫んだ。

　汚い物から顔をそむけるように大騒ぎしたのでS君は黙って妹と出ていった。
　妹はやっぱり泣きそうな困ったような表情で何も言わなかった。
　S君は何よりも大切な拠り所である身内だからこそ、自分が女子に毛嫌いされている現場だけは見せたくなかったはずだ。
　なのにここまで露骨に見せつけられてしまった。
　しかも身内の中で一番守ってやりたい存在の小さな妹に。

　その頃はこの妹までもが「Sの妹」というレッテルを貼られて色眼鏡で見られつつあった。
　S君のプライドも人権もその存在そのものも私たちは、ずたずたにして踏みにじっていた。その事をどうしてもっともっと、はっきりとわかろうとしなかったのか。

> クラスの誰もS君と話したことなどなかった。
> でもきっとS君は妹と何かを語らいながら家路をたどったのだろう。
> 日暮れの早い冬の道を、凍えるように寒い心を温め合うように……。
> 一緒に駄菓子屋に行く友もない兄を、妹は不安な目で見上げて手をつないで歩いたのかも知れない。
> 今これを書いている私には、当時のS君と近い年齢の息子がいる。
> また、同じくその妹もいる。
> S君の受けたのと同じ仕打ちを息子が受けたとしたら、そして娘がそれを目（ま）のあたりにしたら……と考えるだけで胸がつぶれそうだ。
> ひどい事をしてしまった。
>
> 私は良心の傷（いた）む瞬間が何度もあったのだから、その時勇気を出してみんなにもう止めよう、と言えばよかった。
> 今になって当時を思い出し、S君にすまなくてぽろぽろ泣くくらいなら、あの時どうして言わなかったのだろう。
> この間同窓会があったが、誰もS君の消息を知らなかった。
> S君今頃どうしていますか。
> 同窓生の中にはいじめた事を忘れている人もいました。
> でもいじめられたあなたにとっては心に刻みつけられ消えない傷でしょうね。
> ごめんね、ごめんね。
> できるなら、あなたとの子ども時代の記憶を明るい色に染め直してあげたい。
> でももう、時計の針は決して戻せないのですね。
> 　　　　　　　　　　　（15年ほど前に主婦が新聞に投書したもの）

「27年も忘れられないこと」は、いじめだったんですね。

はい、では、この資料のなかで「これはいじめだ」と思う部分に線を引いてください。

……できましたか？　では、確認しましょう。

この列、ひとつずつ発表してください。

……はい、ありがとうございます。ただ、まだあと2ついじめがあるんす

が、わかる人いますか？　……そうです。これで全部です。
　では、その線を引いたいじめのなかで、「自分がされたら嫌だなぁ」というものに○をつけてください。いくつつけてもいいですよ。自分がされて嫌だなと思うもの。

　……聞いてみましょう。○君は？　○さんは？
　そうだよなー。ほんとに嫌だよなー。

　みんな、僕たちのクラスは、S君のような悲しく辛い思いをしなければいけない人がでないようにしたいね。こんな悲しく辛い思いをしなければいけない人は絶対にだしたくない。ひとりもだしたくない。
　みんな、このS君へのいじめは、このクラスにどういう力がなかったから起こったと思いますか？　ノートに書いてください。

(ひとりで考え→４人組で話し合い→学級全体で話し合う)

　たくさん考えてくれて、ありがとうございました。
　では、残りの時間で、今日の学習で思ったことを自由に書いてください。

２　「良心」を覚醒させ、自浄作用を高める
　翌日の帰りの会で、次のような学級通信を出しています。

```
┌─────────────────────────────────────────────┐
│　た　ん　ぽ　ぽ　魂　　K中３年１組学級通信　　９月27日　NO49　│
└─────────────────────────────────────────────┘
```

　　　　　　　　　27年も悔やんでいること

　９/25日の道徳『27年も悔やんでいること』で、「このいじめは、どういう力がなかったから起こったのか？」について考えあいましたが、それについて次のような声が出ています。

> 　僕はこんな考えしかできなかった。あぁ……考える力がない。
> 　こんなことしか考えることができない僕は人をイジメてしまうかもしれない。
> 　僕はひどい人間だぁ！
> 　人間を変えなければぁー。まじ、S君（資料の主人公）ゴメン！
> 　あぁ、どうしよう。……真面目に生きよう。
> 　もし、これから自分の周りにS君みたいな人がいれば絶対に守る。

　落ち込んでいるようですが、これでいいんですよ。素晴らしいじゃないですか。
　今まで間違った考えを持っていた。
　あるいは、稚拙な（おさない）考えしか持っていなかった。
　それが、授業を受け、級友や先生の考えを聴き、「真実」や「より高い価値観」に気づいていく。これが「学ぶ」ということです。

　この「学び」を実現するために授業があるのです。
　その授業を受け、自分の人間性を向上させていくために学校に来るのです。
　この友は、3の1の、あの1時間の道徳授業で確実に自分を人間として高めた。
　先生は、そのことをほんとうに嬉しく思います。
　しっかり学んでくれてありがとう。素晴らしいです。

　では、3の1の仲間たちの感想を紹介しましょう。

○みんなに「やめろ」ッていう本当に強いヤツがいなかったから。
　良い意味でのリーダーがおらんやったからS君へのイジメが止まらなかった。
　今日、この授業を受けて、私はぶっちゃけ今までそぉゆうの他人事でした。
　ケド、いざ自分がされたらとか、トモダチがされたらっち思うと、他人事なんかやナイち思った。
　やっぱいいクラスにするのは本当にむずかしいっち思う。
　クラスの「みんな」っちゅう存在が恐い存在やないで、頼れる存在になったら、本当に良いクラスって言うんやろうなっち思いました。（F）

○S君は本当につらかったと思います。不潔だからといっていじめる必要もないし、みんな敵という状況はつくってはいけないと思う。
 S君はなりたくてなったわけじゃないのに、不潔だからといっていじめられる。これはおかしすぎです。みんなもいじめられたら、「いやだ」とか「学校に行きたくない」とか思うはずなのに、人をいじめる。
 みんながS君の立場になってS君の気持ちを理解すれば、こんないじめは起こらないと思った。（H）

○人の気持ちを考えない。人を人間あつかいせず、物あつかいする。
 クラス全体に勇気のかけらもない。担任の先生の指導力も弱い。
 「自分がされてみると」という相手の気持ちをわかろうとする心がない。
 ……そういうことで、このS君へのいじめは起こり、ひどくなっていったと思います。
 人をいじめることで、自分のなかのイヤなものを消していく。愚かですねぇ。（U）

○集団で一人の人をいじめるなんて、男として最低ですね。
 集団でないと何もできない。弱い人やないと何もできない。ホントにつくづくこんな人にはなりたくねぇと思いました。
 誰かが止めないとイジメは終わらない。そして、イジメがイジメを呼ぶ。
 だから、誰かが止めれば、終わってたんですよ。
 一人じゃなく、みんなで止めればよかったのに……。
 イジメってホントにひきょうだと思いました。（N）

　道徳授業を行って、以下の２つがあるときは、いい実践を行ったと考えていいようです。
①授業者としての自分自身の確かな手ごたえを感じたとき
②子どもの「良心」が真っ直ぐに引き出された感想が出てきたとき

　この資料「二十七年前のＳ君のこと」の場合、読み聞かせで読んであげるだけでも、子どもたちの心を打ち、静かに涙を流す子が出てきます。（手ごたえ

を大いに感じます）

　ノンフィクション資料ですので、事実のもつ迫力があり、そのリアリティが子どもの感性に直接訴え、S君への深く鳴り響くような共感をもたらすようです。

　また、本資料は、子どもたちのなかにある「良心」を確実に覚醒させます。
　そして、子どもたち自身による自浄作用を高めます。

・起きたいじめに対して、被害の小さい段階で自分たちで歯止めをかけることができる。
・周りの子どもたちが被害にあった子をサポートし、再び被害に遭わないようにする態勢を自分たちで組織することができる。

ということがきわめて重要なのですが、この資料は、その実践力を育てます。

　現在、いじめに関して、子どもを心底から動かす力のある資料が渇望されているのですが、これほど「力」のある資料はなかなかありません。
　是非、この資料を用いて、子どもたちに授業実践を行ってもらいたいものです。

　なお、道徳授業に即効性を求めるべきではない、とよく言われます。
　その通りだと思います。
　道徳授業は、基本的に「漢方薬」であると思います。
　ただし、即効性が可能な道徳授業もあります。
　本授業は、かなりの即効性を発揮します。

12　歯　　型

○資料…………『歯型』（丘修三『ぼくのお姉さん』pp.31-62，偕成社，1986）
○願い…………人間のなかには、「弱い者をいじめることをゲームのように楽しむところ」や「自分を守るためにウソをつくところ」があるが、「自分はそういう人間の『悪』の面をださないようにしたい」と強く思ってほしい。
○対象学年……小学校高学年～高校生

1　読書の秋に（必ず出会わせたい本）

　読書の秋ですねー。
　今日の道徳は、先生の心にガツンときた本を紹介します。
　30ページ程の文章になりますが、みんな、集中して、しっかり読んでほしい。
　では、早速、〇〇さん、読んでください。

　　　『歯型』（PP.31～62の要約）

・ぼくとしげると一郎は小学5年生。
　学校の帰り道、へんなかっこうであるいてくるひとかげをみつけた。
　よっぱらいじゃない。子どもだった。
・その子はもくもくと、泳いでいるようにあるいていた。
　右手をわきの下にかかえるようにして、左手をワシの羽根のように大きく動かしている。その左手の動きにあわせて、右足が外へふりだされるのだ。
　2、30メートルまでちかづいたとき、きゅうにしげるが、にやっとわらってふりむいた。「おい、カケをしないか？」
・「おれが、あいつの足をひっかけて、ころぶかどうかカケようぜ。」
　「……」

「なっ、ころんだら、おまえたちがあしたのジュース代をもってくる。いいだろ？」

・しげるは、どんどんその子にちかづいていく。
　ふたりがすれちがった。その瞬間、しげるの右足がさっとのびた。相手の上体が、ぐらりとまえへつんのめった。そして、あおむけにひっくりかえった。

・「やったぜ！」
　50メートルも走ったところで、しげるは鼻をひくひくさせて、追ってきたぼくらにいった。「成功、成功！」
　ぼくたちはおたがいに肩をたたきあった。ふりかえってみると、男の子は、やっとたちあがったところだった。

・つぎの日は、ぼくの番だった。
　きょうはこないかなと思っていると、「きたっ。」
　ぼくの心臓は、とびだすかと思うほど鼓動をうっている。
　（よこを通りすぎざまに、さっと足をとばせばいいんだ）
　しげるのことばを、頭のなかでくりかえしながら、ぼくはちかづく。
　（いまだ！）
　あいつの右足を、よこへはらった。つぎの瞬間、思いがけないことがおきた。その足がさっと、ぼくの足の上をまたいだのだ。
　ぼくの足は空を切った。ぼくは顔が赤らむのを感じた。

・あいつは、ちらっとふりむくと、にやっとわらった。
　それから例のオオワシのおどりをおどりながらいってしまった。
　ぼくは、あいつをにくらしく思った。
　しげると一郎は、もうたまらないといったぐあいに、腹をかかえてわらいころげている。
　けっきょく、しげるたちのジュース代を、ぼくがもってくることになってしまった。

・よく日は肩すかしをくった。まってもまっても、あいつはこなかった。
　あいつはきっと、道をかえたにちがいなかった。

その日から、ぼくたちは、えものを追う猟犬の気分になった。
　ぼくらは、毎日、道をかえて、しつこくさがしまわった。

・４日め、ふとおもった。あいつは道をかえたのではなく、時間をずらしたのではないかと。
　ぼくの推理はあたっていた。20分くらいみはっていると、あいつの姿が、道のむこうにみえたのだ。「きた。」
　とつぜん、あいつはくるりと背をむけた。
　「おい、逃げるぞ！」ぼくらはあとを追った。
　あいつは、助けを求めて、公園のなかへ逃げ込もうとした。
　公園では、老人たちがゲートボールをたのしんでいた。あいつはそっちへむかって、口をぱくぱくうごかした。しかし、声にはならず、のどのおくのほうで、アォーと、かすかな音がもれただけだった。

・ぼくらは、とりかこんでこづいた。しげるがあいつの足をけった。
　「このやろう」一郎も足をけとばした。しげるが、頭を平手でたたいた。ぼくも負けずにたたいた。
　あいつは、それでもなかなかった。抵抗もせず、くちびるをかんでいた。
　ぼくらはだいたんになり、あらっぽくなった。ぼくらは頭をなぐりつけ、背なかをけりつづけた。

・しげるが、あいつの手の甲を、右の足でふみにじったときだった。とつぜん、くるったように、目のまえのしげるの足に、むしゃぶりついてきた。むきだしのしげるのふくらはぎに、がぶりとくらいついたのだ。
　「いたい！はなせ、はなせっ！」と、さけびながら、あいつの頭をぽかぽかなぐりつけた。けれども、あいつの口はひらかなかった。

・しげるのはげしいなき声に、なにごとかと、老人たちがあつまってきた。
　そして、ぼくと一郎がやったように、あいつの体をひきはなしにかかった。あいつはしぶとくくらいつき、しげるはなきわめきつづけていた。
　そのとき、老人のひとりが、棒きれをひろってきた。あいつの歯と歯の間に、その棒きれがむりやりつっこまれた。そうして、やっとのことでしげるの右足

は解放されたのだった。
　そのとたん、あいつは、地面を手でたたきながら、くるったようになきだした。

・「こいつが、きゅうにかみついたんだよ」
　ぼくらは、しどろもどろになりながらいった。
　すると、あいつはさっと顔をあげた。そして、ぼくらを指さすと、なにやらわめいた。なにをいっているのか、わからなかった。が、そのことで、老人たちはその子が障害児だということに、やっと気がついたようだった。
　「おまえたち、なにをしたんだ？」
　老人のことばがきつくなって、風むきがかわった。
　ぼくはすっかりあわてて、「知らないよ。なんにも知らないよ！」とさけぶと、一郎のあとを追ってかけだした。
・ぼくは家へ帰っても、そのことはだまっていた。しかし、それはすぐに、お母さんにばれた。夕方、しげるのお母さんが、家へやってきたからだ。
　しげるは、お母さんに、こちらのわるいところを省略して話していた。
　買いぐいをしたことも、あいつの足をひっかけて、たおすカケをしたことも、公園のなかまで追いかけて、3人でおそったことも、いっさいかくされていた。
　それらは、ぼくとしても、かくしておいてもらいたいことだったけれど……。
　ここはしげるの話に、あわせておくべきだと思った。

・それから、2日たった日の昼休み、校長室へ行くように言われた。
　校長室にはいったとたん、ぼくはどきっとした。あいつがすわっているではないか。
　「しげるくんのお父さんが、桜養護学校にいかれて、いろいろ話をされたそうだ。ところが、しげるくんのいっていることと、この生徒さんのいってることが、だいぶちがうので、きみたちの話をききにみえたんだよ。ほんとうのことをのこらずはなしてごらん」
　「しげるが、いや、しげるくんがいったとおりです」
　その声は、自分でもおかしいほどふるえ、かすれていた。するとあいつが、テーブルをたたくようにして、文字板のうえを指でおさえた。

12 歯　型

　「う」そして、「そ」と。
　（うそ！）
　ぼくは、あいつの顔をまともにみる勇気がなかった。
　「しょうじきにいいなさい。ほんとうのことをいいたまえ。」校長先生が語調をつよめていった。
　ぼくはなきたい気持ちだった。どうしていいか、わからなくなっていた。
　それでもぼくは、自分を必死にまもろうとして、こうくりかえした。
　「肩がふれて、しげるが肩をつついて……、その子がかみついたんだ。」

・あいつは文字板をひきよせると、もどかしそうに、「き」と指さし、「み」とつづけた。と、つぎの瞬間、ぼくはびっくりしてとびあがった。
　彼がその文字板を、ぼくらめがけて投げつけたのだ。
　そして、彼はぐわーっとなきだした。自分の胸を、頭を、きき手の左手で、ごんごんとたたいて、わき目もはばからず、ごうごうとないた。

・「きみたち、教室へ帰りなさい。」と、校長先生がいった。
　立ちあがると、あいつはぼくらを、涙の目で見た。目があった。
　ぼくの全身を、電流が走った。

・学校からの帰り道、ぼくはなんど足をとめたことだろう。
　ぼくは、思いきって、学校へとんで帰り、校長先生に、「みんなウソです。ぼくたちがあの子をいじめたのです！」と、さけびたくなる思いにかられた。
　なぜ、そうしなかったのか。なぜ、そうできなかったのか。
　いまもその思いがぼくを苦しめる。
　ぼくの心に、あの子の歯型がくっきりとのこった。

　みんな、しっかり読めましたね。よくがんばりました。
　はい、このお話のなかで、あなたが一番ドキドキした場面はどこでしたか？
　ひとつずつ。この列。

　……うん、なるほどね。あの子が文字板を投げつけて、ぐわーっと泣き出した場面など、臨場感があって、もうほんとドキドキしちゃいますね。

ところで、最後に、「ぼくの心に、あの子の歯型がくっきりとのこった」と書いてあるでしょ。主人公の心に、あの子の歯型がくっきり残った、と。

その「主人公の心に残った歯型」は、主人公にこれから先、何を訴えていくと思いますか？「　〜　してはいけない」あるいは、「これからは、　〜　しよう」という文章で表現してみましょう。

(ひとりで考え→4人組で語り合い→学級全体で語り合う)

たくさんの「考え」を聞かせてくれてありがとうございました。
先生も君たちの意見を聞いて、考えを深めることができました。
では、残りの時間で、①『歯型』を読んで思ったこと②クラスのみんなの「考え」を聞いて思ったこと、を書いてください。

2　特別活動の再興を

私は、大学の講義に、公立中の特別支援クラスをお招きし、学生と生徒が交流して、「人間の生き方」を学び合うことができるようにしています。

「ふれあうこと」「交流すること」から「理解」が生まれ、「思いやり」が芽生えます。そして、そこから「共生」の生き方が育まれていくのです。

現代の学校では、特別活動の実践が非常にやりにくくなっており、その内容があまりにも貧弱化していることをたいへん危惧しています。

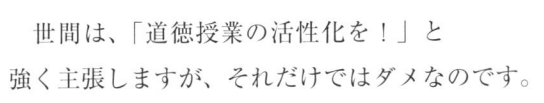

似顔絵描き

世間は、「道徳授業の活性化を！」と強く主張しますが、それだけではダメなのです。
当然、道徳授業に力を入れなければならない。

108　13　鼻

　そして、同時に、「なすことによって学ぶ」特別活動に取り組まなければならないのです。「特別活動の再興」が強く求められます。

```
┌─────────────────────────────────────┐
│         【道徳の時間】               │
│ ①多様で幅のある「価値の内面的自覚を図る道徳授業」│　×　特別活動
│              ＋                     │
│ ②良心の覚醒・追求を促す道徳授業     │
└─────────────────────────────────────┘
```

　上の式のようなイメージで道徳教育を実施しないと、子どもの心は、「ほんもの」になりません。「いじめ問題」なども解決の方向に向かわないでしょう。
　わが国の伝統的な道徳教育は、「体験」を重視しながら行われてきました。
　道徳は「体験」を抜きにしては形成されない、ということを忘れてはなりません。

13　鼻

```
○資料…………『鼻』
　　　　　　（『名作の風景　絵で読む珠玉の日本文学1　芥川龍之介』
　　　　　　　NHK　ピーマンハウス制作，2006）
○願い…………（人の目が気になる年頃の子たちに）「気にしすぎはいけない。
　　　　　　　無理しなくていい。ありのままでいいのだ」という考えに出
　　　　　　　会い、少し安心してほしい。
○対象学年……小学校高学年〜高校生
```

1　中学3年生、高校受験前に授業

　（起立、礼）
　はい、今日は、高校の面接試験の練習をします。

「えっ、道徳で？」
うん、道徳で。何か？

はい、じゃあ、ここは面接会場としますよ。
みなさんに試験官から、いろんな質問が投げかけられるんですよ。
こんな感じ。答えてくださいね。

えへん、どうしてわが高校を受験しようと思ったのですか？
この列いきましょう。
「僕は自動車に関心があって、それで自動車科のあるこの高校を……」
おぉ、いいよ、いいよ。
では、あなたの中学時代の一番心に残っていることと言えば？
「やっぱり、体育祭の応援合戦です。私は、応援団員だったんですが……」
うん、具体的でいい。本心を言うことだね。
はい、では、最後の質問です。
えー、あなたが中学時代に読んだ本で、一番心に残っている本と言えば？
「えっと……いや、最近全然読んでいないので、思いつきません」（笑）

はっはっはっ、そう言っちゃあ、まずいねー。
みんな、大丈夫かい？　一番心に残っている本って聞かれて答えられる？
あらすじも説明できる？
「……」（シラー）

はい、じゃあ、今からひとつ、日本の名作を紹介しましょう。
面接試験でちゃんと答えられるよう、しっかり見てくださいね。

（『名作の風景　絵で読む珠玉の日本文学1』より。大型画面で見る）

はい、確認しましょう。どんなお話でしたか？

『鼻』（あらすじ）

・禅智内供（ぜんちないぐ）という有名な和尚がいた。
　鼻がとっても長いことで有名。
・和尚は、いつもその長い鼻に悩まされていた。
　しかし、プライドが高いので、自分が長い鼻のことで悩んでいるのを周りに気づかれるのがイヤだった。
・カラスウリを煎じて飲んだりして、鼻をなんとか短くしようとした。
　そんな中、弟子の一人が都の医者から、鼻を短くする方法を教わってきた。
　それは、鼻を熱湯でゆで、それを人に踏ませるという簡単なものであった。
・鼻はゆでると、むずがゆくなり、両足で踏み始めると、鼻からあわつぶのようなものが出てきた。それを毛抜きで抜くと、長かった鼻が普通の鼻みたいに短くなった。
・やった。とうとう短くなった。こうなれば、誰も笑う者はいないに違いない。
　喜ぶ和尚。
・ところが、2〜3日経つにつれ、意外なことに気づいた。
　どういうわけか、前にも増して、人々がおかしそうに鼻ばかり眺める。
　なぜ鼻が長かった時より、今の方が笑われるのか？
　和尚は悩み出す。
　すると、どんどん機嫌が悪くなり、ついには短くなった鼻のことがイヤになる。
・ある夜、いつになく鼻がむずむずし、寝つかれない和尚。
　翌朝、目を覚ますと、あの感覚が戻ってきていることに気づく。
　やった、鼻が元に戻っている。
　こうなれば誰も笑う者はないに違いない。
　長い鼻をぶらつかせながら、和尚は嬉しそうにつぶやいた。

あらすじはわかりましたが、この『鼻』という作品で芥川龍之介は、私たち

に何が言いたかったのでしょうか?

　5分間。考えをプリントに書いてください。

　4人グループで語り合ってください。

　どんな考えが出てきたか、発表してください。
「和尚さんの気持ちもわかるけど、人はやっぱり今まであったものがなくなると、さびしくなる。だから、無理をせず、ありのままでいい、ということを伝えたかったのではないでしょうか」
「人それぞれ気になることはあるけれど、そんなの気にしないで、前向きに生きりゃいいってことを言いたかったんじゃないでしょうか」
「自分らしく生きること、ありのまま生きることが、その人の幸せだっていうこと」

　そうですね、このお話は、先生も、君たちが言うように……。
　では、残りの時間で感想を書いてください。

2　ブランドに振り回されない子を育てたい
　この授業の前日に、髪の毛を固め、あまりに激しい髪型にして、私から叱られた男子生徒がいました。その生徒は次のような感想を書いていました。

・芥川は、「人間、周りの人の目が気になる。しかし、気にしすぎたらいかんですよ。無理せんでいいがな。ありのままでいい。それが、その人の幸せ」ということを『鼻』という作品で伝えた。
　僕は昨日のこともあり、とても考えさせられました。
　人の目を気にしすぎた結果、髪を立ててしまいました。
　昨日のことはとても反省しています。
　次は、「ありのままの自分」で、僕の「幸せ」をつかんでみようと思います。

嬉しいですね。資料を手がかりにして自分を考えることができている（「国語的なアプローチ」ではなく、「道徳的なアプローチ」ができている）。

思春期の子らが、「カッコウつけたい」と思うのは自然なこと。「カッコウつけたい」との思いから、違反服を着たり、髪をいじくったりする。
しかし、やはり、やりすぎてはイカンのです。
思春期の子どもたちに伝えたい。（気づいてもらいたい）

どんなに偉い人でも、自分が人様からどう見られているか気になる。
人間は世評に弱いものだ。
だから、社会的に認められているブランド品などを持つことで、自分をよく見せようとする。そして、安心しようとする。
しかし、待てよ。この『鼻』にあるように、きっと落とし穴があるぞ。
人間、周りを気にしすぎたらいかんのだ。無理したら、必ず思いもかけぬマイナス面がでてくる。
無理しなくていい。ありのままでいい。
ありのままの自分が一番いいのです。

14　学もし成るなくんば

○資料…………「逆境こそわが恩師」
　　　　　　　（横尾浩一編著『教師が飛躍するとき』pp.3-7（赤坂雅裕執筆），学陽書房，1995）
○願い…………「今から『高校』や『社会』に飛び立つが、どんな境遇に置かれても、自分なりに精一杯いのちを輝かせて生きていくぞ」という強い気持ちを抱いてほしい。
○対象学年……中学校3年生～高校生

1　内　　容

　これは、私自身の大学入学から進路を決心するまでの時期のことを書いたものです。私の18歳〜20歳頃の体験や考えを記したものです。

　以下のような内容です。

　　　　逆境こそわが恩師　「落ちこぼれ」の自覚が原点

　　　　　　　　　　　　　　　　　　　　　　　　　　　　　　赤坂雅裕

１．春寒の二条城にて

　「早稲田と慶応はあんたをいらんて言うたばってん、立命館は来てもいいて言うた。……立命館に感謝して、立命館でおもいっきり勉強させてもらいんしゃい」

　まだ肌寒い、二条城での母の言葉。

　そう、私は、一浪させてもらったにもかかわらず、早稲田と慶応に落ち、すべり止めとして受けていた立命館大学にしか合格していなかったのです。

　「俺はたいしたことのない男だ。落ちこぼれだ」

　自分に対する自信を徹底的に打ち砕かれて、九州から京都に来ていたのです。

　下宿を捜したあと、二条城で母がポツリと言ったあの言葉、妙に心に残りましたが、私の心は深く沈んだままでした。

２．立命館、あたたかな春の日々

　「自分はダメな人間だ」という気持ちを取り除けないまま、大学生活が始まりましたが、立命館でのさまざまな出会いが、そんな私に勇気や希望を与えてくれました。人間として目覚める機会も与えてくれました。

　独学で博士号をとられて、当時、横浜から立命館に教えに来てくださっていた村田富二郎教授。

　下宿先、泰和荘の仲間たち。

　英米文学科の土田晶子さん（現在、私の妻）。

　村田教授の古典を読みこなす授業のなかで、下宿の仲間とラーメンを食べながら、「人間」や「学問」について論じあうなかで、また土田さんと加茂川を見

つめて「愛」や「夢」を語り合うなかで、私は少しずつ、本当に少しずつ、元気を取り戻していったのです。
　そして、自己を見つめたものです。
「いったい俺は、今まで何のために勉強してきたのだろう？」
「いったい俺は、これから何をしようというのか？」と。

３．あんたは京大の学生ということで
　そんな時、塾から派遣される家庭教師のアルバイトがあることを知り、その塾に面接試験を受けに行くことになりました。
　面接を終え、さっそくそのご家庭に挨拶に行くことになったのですが、その途中で塾長先生が唐突に言われたのです。
「ところで、あんた、立命館の経営学部ということやったが、顔もしっかりしとるし、京大の法学部の学生ということにしとこか」と。
　19歳の私は、何と答えていいかわからず、ただ黙って歩きました。
　トボトボトボトボ100メートルか200メートル歩いたでしょうか。
　そして、私はおもいきって言ったのです。
「あ、あのぅ、ぼ、ぼ、ぼくは、立命館の学生です。ウ、ウソをついてまで、家庭教師をしようとは思いません。そ、そんなのイヤです」
　小さな声でそう言うのが、精一杯でした。

　塾長先生は、「変わったヤツやなぁー」という感じで私をじっと見つめられましたが、結局、ウソをつかずに家庭教師をすることを許してくださり、私は子どもと共に学ぶ機会を与えられることになったのです。

　学歴社会。きたない世の中。ウソで固められた大人の世界。
　それに対して、子どもの心の美しさ。純粋さ。ひたむきさ。
　この両極端の２つを実感していくことにより、私は、「教師になれたらなぁー」という夢を持つようになったのです。

４．学もし成るなくんば死すとも還らず
　ちょうどその頃、全国的に中学校が荒れていました。

学校の窓ガラスがたたき割られ、弱い者いじめがおこり、教師が生徒に殴られていました。
　私は、
「俺みたいな落ちこぼれの子どもたちが何かを訴えているんだ」
と直感的に思いました。
　ときを同じくして、テレビでは「金八先生」が放映され始めました。
　笑われるかもしれませんが、私は、本当に影響を受けました。
「あぁ、俺も金八先生みたいになりたい。生徒の側に立って生徒の苦しみ・悲しみをわかってあげられる、そんな中学教師になりたい」
　ここで、私の「教師になれたらなぁー」という夢は、「俺は絶対中学教師になる」という決意に変わっていったのです。
「今、中学校が荒れているからこそ、俺は中学教師になる。絶対なる。俺みたいな落ちこぼれの子を救うんだ」
　そう決意したのは大学2年生の終わり、20歳の時でした。

　それからの私は、一歩も引き下がりません。
「悪いけど、家業のあとは継げない。教師にならせてください」
と親に言い、企業には目もくれず、夜の9時から朝の4時まで毎日勉強しました。

「俺には中学教師しかない！　男児、志を立てて郷関を出づ。学、もし成るなくんば　死すとも還らず」
　その頃読んだ小説の一フレーズを、いつも、どこででも心の中で唱えていました。

2　中学3年生、卒業間近に授業実践

（起立、礼）
　あぁ、もうすぐ卒業式ですねー。
　君たちが「高校」や「社会」に旅立つ前に、是非紹介しておきたいお話があるんです。

これです。読んでみましょう。
　（プリント前半配布。「トボトボ100メートルか200メートル歩いたでしょうか」まで）
　○○さん、読んでください。

　はい、この主人公、この後、どうしたんでしょうね？
　君たちならどうする？　ほんとは違うのに、頭をよさそうに見せるために、京大の法学部の学生だと、ウソをつこうと言われたら？

　「そのままトボトボ歩いて、結局何も言わず、その家に着いてしまって、京大の学生と紹介されて、京大の学生になりすましてしまう。でも、心は苦しい」
　「私なら、きっぱり断る。はっきりイヤですと言う」

　そうですかー。じゃあ、この主人公はどうしたのか、資料の後半を見てみましょう。
　（後半のプリント配布。「そして、私はおもいきって言ったのです」から最後まで）
　○○君、読んでください。

　はい、この主人公はどうしてた？
　「あ、あのぅ、ぼ、ぼ、ぼくは、立命館の学生です。ウ、ウソをついてまで、家庭教師をしようとは思いません。そ、そんなのイヤです、と小さな声で言った」
　そうですね、○○さんみたいにきっぱり断ることはできなかった。
　小さな声で言うのが精一杯だったと言うんですね。

　そして、その後家庭教師をしていくなかで、どういう夢を持つようになるの？

「教師になれたらなぁー、という夢を持つ」

そうですね。

そして、なんという小説のフレーズを唱えて、勉強に頑張るの?

「男児、志を立てて郷関を出づ。学、もし成るなくんば　死すとも還らず」

そうね、男が中学教師になると決心して、故郷を出て、ここで勉強しているんだ。教員試験に合格できなかったら死んでも故郷の九州には帰らないぞ。

そんな気持ちで、勉強に打ち込んでいたんでしょうね。

さて、お話はここで終わっていますが、この主人公は中学教師になれたでしょうか?

全員に聞きます。なれたと思う人、挙手してください。

あぁ、ほとんどのみなさんが「なれた」と予想していますね。

では、なれたとして、どんな先生になってるでしょうか?

どう思う?　はい、この列。

「きっと金八先生のマネを一生懸命している」(笑)

「僕は京大出身じゃなーいと、大きな声で言ってる先生になっている」(笑)

はい、予想してくれてありがとうございます。

この主人公はね、君たちの予想通り、中学教師になれました。

そして、この主人公はね、この主人公は、現在、こんなふうになっています。(赤坂が自分で自分を指さす)(えっ?)

はい、この主人公は、わたくし、赤坂なのです。(えぇー!)

先生の実体験なのです。

先生はね、落ちこぼれだったのですよ。

浪人したのに、志望する大学に入れなくて、たいへん落ち込んでねー。自分

に自信なくしちゃってねー。
　でも、様々な出会いのなかで目覚めるんです。
　そして、大学の先生や友だちや恋人から支えられて、自分の人生を切り拓いてきたんですよ。

　みんな、みんなは今からですね。
　みんなは、今からです。これからです。
　大変なことや辛いことにもきっと出会うだろうけど、君たちも頑張るんだよ。
　きっとできるからね。必ずできるからね。
　そして自分で自分の人生を力強く切り拓いていくんですよ。

　今日の授業はこれで終わります。
　あとは、感想を自由に書いてください。

3　担任の実体験を聞きたがっている

　翌日の学級通信には、次のような感想が紹介されています。

> 「先生が書いたっち聞いてびっくりした」（Y）
> 「先生のことだと知って、びっくらこいただ」（T）
> ……こんな声が出た、昨日の道徳、おもいきって、先生の大学時代の実体験を授業にしました。
> 　感想を紹介していきます。
>
> ・スゲェー赤坂先生！
> 　マジ感動ヤシッ！（笑）
> 　赤坂先生はスゴイ。
> 　あーいう場面で、よく断りきったなと思いました。
> 　僕も金八先生大好きです。先生ほど影響されてないですけど……。
> 　ホントにスゴイ。（O）

・先生のこととは思わんかった！
　本当の話というのは、ちょっと悲しかったです。
　やっぱりウソをつかせてまで、自分を良い人に見せようとする人がいるんだなぁー　と思った。
　でも、こんなことがあったから赤坂先生はスバらしい先生なんだと思った。
　笑わら。（R）

・まさか赤坂先生だとは思いませんでした。
　私たちは高校入試間近です。
　それで、落ちたらどう生きようとか、マイナスのことをたまに考えたりします。
　でも、赤坂先生の話を聞いて、「こんなふうにやれる人もいるんだ」となぜか少し安心しました。
　正直を貫ける人はすごいです。（U）

4　自分自身を誠実に示す

　根源的な「生」への問いを持ち始めた思春期の中学生や高校生には、信念をもった、生徒との直面を恐れない教師が求められます。
　思春期の子どもたちとの葛藤を恐れずに、自分自身を人間の見本として誠実に示すとともに、子どもたちが自分の力で真理を求めるように支援していくことが大切なのです。

　どうか、子どもたちが卒業する前に、あなた自身をぶつけてください。
　どうか、あなたのすべてを、あなたの人生そのものを子どもたちにぶつけてください。

　子どもたちは、それを、作り物でないそれこそを、待っています。
　あなたの「人間」を、「人生」を、どうか気迫を込めて語ってあげてください。

15 天が落としてくれた

> ○資料………「元服」
>   （東井義雄『10代の君たちへ　自分を育てるのは自分』pp.58-62, 致知出版社, 2008）
> ○願い………今から高校受験を迎えるが、
>   ①落ちた仲間の胸の痛みが、自分の胸の痛みになるような人間であってほしい。
>   ②自分が失敗した時は、「この失敗したおかげで」と受けとめて、立ち上がることのできるような人間であってほしい。
> ○対象学年……中学校3年生～高校生

1 内　容

東井義雄先生が、著書『自分を育てるのは自分』のなかで、ある中学生の作文を紹介しておられます。

題は、「元服」。以下のような内容です。

> 「元服」（あらすじ）
> ・担任の先生からすすめられて、
>   A君と二人、○○高校を受験した。
>   ○○高校は、いわゆる有名高校である。
>
> ・その入試で、A君は期待通りパスしたが、僕は落ちてしまった。
>   実力テストでは、いつも僕が1番だったのに。
>   その僕が落ちて、成績が下のA君が通ったのだ。
>   誰の顔もみたくない。
>   みじめな思い。
>   僕は部屋に閉じこもった。

・すると、お母さんが「Aさんが来て下さったよ」と言う。
「帰ってもらってくれ」と言ったが、お母さんは、
「あんたたちの友だち関係って、そんなに薄情なものなの。ちょっと間違えば、敵味方になってしまうような薄っぺらいものなの。母さんにはAさんを追い返すなんてできないよ」
と言う。

・入試に落ちたこのみじめさを、僕を追い越したことのない者に見下される。
こんな屈辱ってあるだろうか。
A君が2階に上がってくる足音が聞こえる。

・戸が開いた。涙を一杯ためたA君が、くしゃくしゃ顔で、
「B君、僕だけ通ってしまってごめんね……」。
やっとそれだけ言ったかと思うと、両手で顔をおおい、駆け下りるようにして階段を降りていった。

・僕は恥ずかしさで一杯になってしまった。
思いあがっていた僕。A君を見下していた僕。
この僕が合格して、A君が落ちたとして、僕はA君を訪ねて、僕だけ通ってしまってごめんねと、泣いて慰めに行ったろうか。
ざまあみろと、余計思いあがったに違いない自分に気が付くと、こんな僕なんか落ちるのが当然だったと気が付いた。
通っていたら、どんな恐ろしい一人よがりの思いあがった人間になっていただろう。

・落ちてよかった。
本当の人間にするために、天が僕を落としてくれたんだと思うと、悲しいけれども、この悲しみを大切に出直すぞと、決意みたいなものが涌いてくるのを感じた。
僕は今まで、思うようになることだけが幸福だと考えていたが、A君のおかげで、思うようにならないことの方が、人生にとっても、もっと大事なことなんだということを知った。

・昔の人は15歳で元服したという。
　僕も入試に落ちたおかげで、元服できた気がする。

2　中学3年生、1月に授業実践

（起立、礼）
（黙って、「元服」と大きく板書する）（間）

はい、みなさん、「元服」って知っていますか？
「腹を切ること」
あっー、それは、切腹ですね。
うん、でも、たしかに昔に関することですよ。鋭いよー。
「成人式みたいなもの。大人になるということかな」
おっー、そうですね。男子が成人になったことを示し祝う昔の儀式のことなんです。

じゃあ、この元服、何歳くらいでしていたと思う？
「20歳」（それは今でしょう）
「13歳」（えっー、13歳で成人？）
「15歳」
はい、そうです。今の君たちと同じ、15歳で成人とされていたのです。

では、今日は、君たちと同じ中学3年生が「元服」という題の作文を書いていますので、それを読んでみましょう。
（資料前半、「B君、僕だけ通ってしまってごめんね……」の会話文まで。なお、「B君、僕だけ通ってしまってごめんね……」の部分は空白にしておく）

　B君、実力テストではいつも1番だったのに、そのB君が落ちて、成績が下

のA君が通ってしまった。
　B君、ほんとうにみじめな思いだったでしょうね。
　A君の顔だけは見たくなかったでしょうね。
　しかし、A君が２階に上がってくる足音が聞こえる。
　戸が開くと、A君は涙を一杯ためて、くしゃくしゃ顔で、さぁて、何と言ったと思いますか？　みなさん、予想してください。

「涙をためているから……『２人で合格したかった』とか」
「いや、そうじゃなくて、やっぱり、『本番で勝ったぞ！逆転勝ちだ！』など」
「たまたま、僕は運がよかったんだ。得意なところが出たんだよ」

　はい、実はね、A君はこう言うんです。
「B君、僕だけ通ってしまってごめんね……」
　そして、やっとそれだけ言ったかと思うと、両手で顔をおおい、駆け下りるようにして階段を降りていくんです。
「へぇー」

　はい、この後、B君は、A君からこのようなことを言われて、どんなことを考えると思いますか？　涙を一杯ためた、くしゃくしゃ顔のA君から
「B君、僕だけ通ってしまってごめんね……」
と言われて、その後、B君はどんなことを考えると思いますか？
　５分間で。プリントに書いてください。

　４人グループで、考えを出し合ってください。
　考えを聞かせてください。
「A君を憎む気持ちはなくなった。なんかA君に申し訳ないなという気持ちがしてきた」「ますます自分のことが情けなくなってきたのではないか」

15　天が落としてくれた

では、資料後半を読みましょう。
（A君が階段を降りるところから、「元服できた気がする」まで）

　B君は、僕が合格して、A君が落ちていた場合、僕はA君を訪ねて、僕だけ通ってしまってごめんねと、泣いて慰めに行ったろうか。いや、行かないだろう。
　きっと、「ざまあみろ」と、余計思いあがっていたに違いない。
　そんな自分に気が付くと、こんな僕なんか落ちるのが当然だったと考えるんですね。
　通っていたら、どんな恐ろしいひとりよがりの思いあがった人間になってしまっただろう、とも。

　そして、落ちてよかった。
　本当の人間にするために、天が僕を落としてくれたんだ。
　悲しいけれども、この悲しみを大切に出直すぞと、決意するんですね。

　これ、受験に合格したA君も、受験に失敗したB君も、ほんとーにスゴイですね。人間として素晴らしい。

　君たちは、受験に合格したA君と、受験に失敗したB君のそれぞれの素晴らしさはどんなところにあると思いますか？
　「A君のスゴサ」と「B君のスゴサ」を、残りの時間で書いてください。
　みんなの考えは、明日の学級通信で読みましょうね。

3　心を耕し、抑止力となる学級通信

　子どもたちは、資料中の人物の生き方に憧れをもったとき、「主人公のようにしてみたい」と思い、また、問題点を学んだときは「主人公のような真似は絶対しないぞ」などと感じているのです。

第1章　価値の内面的自覚を図る道徳授業　　125

　教師は、そのような子どもたちの自然な心のつぶやきを閉ざしてはなりません。

　主人公の立場に立って、自己の生き方を語っているのです。
　主人公の気持ちを想像するにとどまらず、主人公の立場を借りて自己の生き方につながる考えを語っているのです。

　素晴らしいではないですか。喜びましょう。
　「自己実現への思い」を子ども自身が明確な言葉にして表すことで、内面的な実践力が一層強く育まれていきます。
　この子どもの「言葉」を喜び、認め、誉め、広めていくことが大事です。
　その方法としては、やはり、学級通信が最高であると思います。

　以下は、本授業の翌日に出された学級通信「たんぽぽ魂」（一部）です。

【　「僕だけ通ってごめんね」と言ったA君のスゴサ　】
・あやまる必要はないのに、わざわざあやまりにB君の家に行ったこと。(J)
・A君は、しっかり人の悲しさを考えることができていた。(F)
・人を見下していないとこ。落ちた人をバカにしていないこと。(H)
・人間として完璧。(T)

【　「天が落としてくれた」と言ったB君のスゴサ　】
・胸をはって起きあがり、A君の話をちゃんと聞いたこと。
　そして、自分が間違ってたと気づくとこがスゴイ。
　すぐ前向きになるところもスゴイ。(S)
・自分が怒っていたことが恥ずかしいと思えたこと。
　※私の後ろの席の明香は、「A君に感謝できること」と書いていました。
　　「感謝」という言葉は、私の中で思いつきませんでした。
　　だから、明香も、この二人のように人間性が優れていると思いました。(U)

授業のなかで、自分の考えを持ち、それを友だちの考えと比較して、自分になかった新しいものを発見し、学び取り、自分をより高めることができています。
　これが授業です。
　これが、「学校に行かねばならぬ理由」です。
　これが、「学ぶ」ということです。
　これが先生が理想とする「人間性を磨きあう学級」です。

　３年１組全員がそろい、先生の理想とする学級での学びあいができていることを本当に心から喜んでいます。
　さぁ、それでは、級友の考えから学び取りましょうね。

・素直にあやまることを学びました。
　そして、B君の「また、頑張ろう！」と思った心に感動しました。
　「友」の大切さを心の底から改めて感じました。
・今日の授業を受けて、合格してもA君のように謙虚に優しい心を持って人に接し、もし落ちてしまっても、乱暴なふるまいはせず、自分のために努力し、前向きにやっていきたいと思いました。

　最後の感想を書いている２人は、やんちゃな男の子です。
　そういう子が、この授業を受けて、「素直にあやまることを学びました」とか「もし落ちてしまっても、乱暴なふるまいはせず、自分のために努力し、前向きにやっていきたいと思いました」と自分から言ってくれるのです。嬉しいですね。

　私は、学級通信を道徳授業の翌日の帰りの会で読みあうようにしていたのですが、そのとき、子どもたちはわかるのです。
　名前を書いていなくても、これは誰が書いた文章なのか。
　そして、「アイツ、乱暴なことばっかりやってるけど、ホントはこんないい気持ち持ってんだな」なんて思っているのです。

ときには、女子から「うちの男子も、いい考えもってるネ」なんて発言が飛び出す。

すると変わるんです。暴れまわっていた男子生徒が、優しさを見せたりするんです。

道徳の授業で生まれた「声＝憧れ」が、自分を律し、自己を向上させようとします。

学級通信に載せられた「憧れ」が「キレようとする自分」を抑止する力となり、自分で自分を「善」の方向へ進ませようとするのです。

そして、この「善」の方向へ進もうとする姿勢は、個人のなかだけにとどまらず、次第に学級全体に広がっていくのです。

4　現実味のある資料を発達段階に即した指導で

道徳の指導方法に関して、以下のような課題が指摘されます。
・現代の子どもたちにとって現実味のある授業となっておらず、学年が上がるにつれて、道徳の時間に関する児童生徒の受け止めが良くない状況がある。
・児童生徒の発達の段階に即した道徳の時間の指導方法の開発・普及が十分でない。
・道徳の時間の指導が道徳的価値の理解に偏りがちで、たとえば、自分の思いを伝え、相手の思いを汲むためには具体的にどう行動すれば良いかという側面に関する教育が十分でない。

ズバリ、現在の日本の道徳授業の「弱点」を指摘していると思います。

私たちは、やはり、まずは子どもたちにとって現実味のある資料を選択し、そして、それを発達段階に即して学ぶことができるような指導を行っていく必要があります。

子どもたちにとって現実味のある資料であれば、子どもたちは資料を通して自己と対話し、自己の課題を見いだしていくでしょう。

16　栄光の白いテープ

スポーツ選手の「事実」が 1 番生徒の心に響くと思います。しかし、「事実」でなくても、創作された資料でもスポーツに関するものには、生徒は心を惹かれやすいようです。集中し、自分の問題として考えてくれます。たとえば、中学 3 年生で行った次の授業です。

1　体育会 1 ヶ月前に

これ、何？（30cmほどの包帯を見せて）

……ノーノー、ヒント（トラックの絵を描く）

……そう、栄光の白いテープなのです。今日はそれに関するお話を読んでみましょう。

〈あらすじ〉

※あきらは運動会が大嫌い。走るのが苦手。全員リレーのことで悩んでいる。

※走る順番を決める時、クラスで 1 番速いけんじが、「あいつがいると勝てないよなぁ」とひとりごとを言っているのが聞こえる。あきら、泣きたい気分。

※そんななか、よし子が「あきら君は今まで 1 度もテープを切ったことがない。あきら君をアンカーにして、テープを切らせてあげよう」と提案。

※反対意見が続出するなか、ひろしが「ぼくの計算によれば、あきら君が走るまでに35メートル以上はなしておけば勝てるはず」と言う。

※アンカーはあきらに決定し、翌日からみんなの練習が始まった。

※練習し始めてみんなはいいタイムを出すが、あきらはいっこうによくならない。すると、けんじがあきらに「一緒に走ろう」と声をかけ、コーチになっ

> てくれる。
> ※運動会当日、あきらにバトンが渡された時は、2位との差が30メートル。
> 　あきらは、まっしぐらに白いテープを目指して走っていく。
> 　　　　　　　　　　　『「白いテープ」みんなのどうとく5年』学研より作成

※　登場人物の顔の絵を貼りながら、話の内容を押さえる。

あなたがこの登場人物のなかで、「この子いいなー」と思った人は誰ですか？
「あきらです」。君は走るのが苦手だけど、仲間から支えられて最後まで頑張ったあきらなんですね。
「私はよし子」。あなたはひとりで勇気を持って、全員に自分の考えを堂々と言ったよし子ね。
「いや、僕はけんじ」。君は最初は文句を言っていたけれど、反省し、途中から考えを変えてあきらのコーチをしたけんじですね。
「ひろしがいい」。君はよし子の考えが正しいと判断し、それを根拠づける計算をサッとして、みんなを納得させたひろしね。

ところで、このお話の結末はどうなったのだろう？　1位？　それともゴール直前で抜かれて2位？　その他の予想はある？　えっ、こけて最下位になる？
3の1のみんなはこの3つの予想のなかのどれと思う？　手をあげて。
はぁ、3の1は厳しいなー。じゃあ、3の1では、ゴール直前で抜かれて2位になったということにしましょう。
では、①最後に抜かれたあきらの気持ちは？
　　　②あきらによし子、ひろし、けんじはなんと声をかけただろう？
　　　③あきらの学級のみんなはなんと言っただろう？
この後のお話をどうぞ自由に予想して書いてください。（15分程度時間を与える）

(机間指導をしている時に、鋭く考えている意見を見つけ)ここで、○○君の考えを紹介します。……。あと8分です。書いた人から提出して終わりにします。

※※※

　生徒は、次のような話を作り上げました。

○しかし、あともう少しというところで後ろのチームにぬかれてしまい、2位でゴールしました。あきらは皆にもうしわけない気分でいっぱいになりました。
　そんなあきらを見て、皆は励ましにきました。
　だけど、あきらの涙でたまった目を見て、皆もおもわず涙がでてきました。
○あきらは抜かれた瞬間悔しくて涙があふれてきた。「せっかくみんなが協力してここまでしてくれたのに……。なんで僕はみんなの期待に応えることができなかったのか。なんでみんなにお礼ができなかったのか」と悔しくてならなかった。
　あきらは、自分が情けなくて情けなくて、心がずっといたんだ。
　そんなあきらに、一番に声をかけてくれたのは、なんと、あきらに文句を言っていたけんじだった。「あきら君、よくがんばったね」。
　あきらのコーチをして、あきらのがんばりをけんじが一番知っていたのだ。
　学級のみんなも「あきら君、あんなに早く走ってすごい!」と言い、あきら君に文句を言う人などひとりもいなかった。
　学級のみんなが、あきら君のことをなにかしら尊敬の目でながめていた。

　中学生が道徳の時間を嫌うのは、道徳の授業が正解主義・建前主義・押しつけ主義になっているからです。
　この授業は、生徒に正解を教え込む授業ではなく、問題追求型で、価値観を育んでいく授業、教師と生徒が共に創り上げていく授業です。そして、最終的には、担任である私の方が、生徒から学ばされている。「運動会では、3の1はこんな学級でありたい」と。

これが、これこそが、私の理想とする授業です。

　それから、不思議なんですが、（この授業も「先手の教育」として、運動会前に行っていました）実際の運動会、本当に、この授業で考えあったようになるんです。
　3の1のクラス全員が協力し助け合い、心を合わせて熱心に練習に励む。
　しかし、結果は惜しくも負け。
　でも、誰を責めることもなく、輪になり肩を抱き合って、お互いの健闘をたたえ涙する。そんな心に残る運動会になったんです。
　負けたのに、「3の1最高！最強！　オレは3の1が大好きばい」と目を真っ赤にして叫んでいました。

　それから、この授業では、中学3年生に小学5年生用の資料を改良して実践しています。私はよくこのようなことをします。中学生に小学生用として作られた資料が有効であることは案外多いです。中学校教師は、小学生用資料を研究すると「宝」を見いだせます。

2　よく用いられている定番資料

　では、ここで、小学校と中学校でよく用いられている定番資料を紹介しておきます。

小学校低学年
【かぼちゃのつる】 かぼちゃのつるは、自分の畑がまだ空いているのに、他の畑や人の通る道にどんどんのびていく。忠告してくれるみんなのいうことを聞かずに、自分勝手に伸びていったかぼちゃのつるは、道を通ったトラックにつるをぶちんと切られてしまった。 かぼちゃは痛がって、アーンアーンと泣いた。

※低学年だけでなく、高学年や中学生にもいいのではないか。自分の個性を伸ばしていくことは、社会（周りの人々）から認められ、社会の役に立てるものでなければならない。個性伸長が同時に社会的自立へと結びつかなければならないのだ、ということを学ぶ良い資料である。「カボチャの悪かったところは？　反省しなければいけないところは？　どうやってつるをのばしていけばよかったのだろう？」など、発達段階に応じ発問を考えるといい。

【はしのうえのおおかみ】
一本橋で出会ったうさぎを、「おれが先に渡るんだ」と追い返したおおかみ。このいじわるが楽しくて、他の動物たちにも同じことをしていたが、強そうなくまには自分が道をゆずろうとする。しかしくまはおおかみを抱き上げて向こうへ渡す。翌日、うさぎを抱き上げて渡してやったおおかみは、前よりずっといい気持ちである自分に気づく。

【二わのことり】
森の小鳥たちは、同じ日に行われる「やまがらの誕生会」と「うぐいすの音楽会の練習」に招待される。他の小鳥たちがみんなうぐいすの家に行くので、みそさざいもうぐいすの家に行ったが、ひとりぼっちのやまがらが気になり、途中で抜け出しやまがらの家へ。喜ぶやまがらに、みそさざいは来てよかったと思う。
※最後を見せず、役割演技で、自分ならどうするか考えさせる。最後見せた後、「みそさざいさんのえらいなーと思うところは？」と発問。ひとりぼっちの友の寂しさを想像することができること。ひとりでも勇気をもって行動できること、に気づかせ、憧れをもたせる。

【くりのみ】
ある寒い日、きつねとうさぎは食べ物を探していた。たくさんのどんぐりを見つけ、お腹いっぱい食べたきつねは、残りもひとり占めしたいと考え、うさぎに「何も見つからない」と嘘をつく。そんなきつねに、うさぎはやっと見つけた２つの栗の実のうちひとつを差し出した。そのうさぎの行動に、きつねは自

分を恥じて涙を流す。
※「どうしてきつねは涙が流れたのだろう？」①うさぎのやさしさに感動したから②自分のいやらしさを恥じたから。２つのことに気づかせたい。そして、うさぎのような人間になりたいと憧れさせたい。

【きいろいベンチ】
雨上がりのある日、たかしとてつおは、紙飛行機を遠くまで飛ばしたくてベンチの上に立ち上がる。その後ブランコで遊んでいると、そのベンチに女の子が座ろうとするが、ベンチが泥だらけで女の子のスカートが汚れてしまう。その様子に、たかしとてつおは顔を見合わせた。
※「顔を見合わせた２人はどんなことを思ったのでしょう？」と問い、「逃げる」「知らないふりをする」等を受け入れたあと、「人間としてえらい考え方はどれだと思いますか？」と深めたい。

小学校中学年

【ないた赤おに】
赤おには人間と仲よくなりたかった。友達の青おにが、自分が村を襲ってそれを赤おにが助ければ人間と仲よくなれると提案した。それは成功し赤おには人間と仲よくなった。しかし青おにの家に行くと、自分といると悪いおにと思われるから、という書き置きを残し青おにはいなくなっていた。その書き置きを見て赤おには泣いた。
※友情というより、青おにのことから、親切とは厳しいもの、自己犠牲もあるもの、ということを学べるような気がする。人間と友達になりたいからと、青おにの策に軽々とのった赤おにの軽薄さも学べる。そんな人間にならないようにと。いずれにしても、ねらいに応じて、様々な授業法が考えられる資料である。

16　栄光の白いテープ

【ひきがえるとろば】
アドルフと友達はヒキガエルを見つけ、みんなで石をぶつける。そこを通りかかったロバが、荷車を引いて疲れ切っているにもかかわらず、力をふりしぼりヒキガエルを助けた。その姿を見てアドルフたちは己を省みる。ロバが去った後、アドルフはひきがえるをそっと草むらへはなした。

※「動植物など生命あるものすべてをかけがえのないものとして大切にする子どもを育てたい」というのが一般的な願い。しかし、「アドルフは、ロバから何を学んだのか？」を問い、もっと大きく人間の生き方を学ばせたい。①自分の嫌なものでも、否定してはいけない。殺してはいけない。②自分がしんどくても、困っている人を助けようとする。自分の命をかけても③ひとりでも立ち向かう勇気と実行力がある、など。

【花さき山】
あやは山で道に迷い、そこで山姥（やまんば）に出会う。山には見たこともないきれいな花が一面に咲いていた。どうしてこんなにきれいなのかと尋ねると、山姥は村の人間が優しいことをすると花が咲くのだと教えてくれる。山から帰った後も、あやは時々、今自分の花が咲いているな、と思うようになった。

※「思いやり・親切」または、「敬虔」をねらいとする。私は、「敬虔」で使う。あやの行為や心情を「美しく気高いもの」と捉えて、素直に感動できればいい。「あやさんのいいところはどんなところと思う？」と。

【雨のバス停留所で】
雨の日、よし子が母とバス停留所へ行くと、軒先に待っている人々がいた。バスが来たとき、よし子は先に停留所に並べば座れるかもしれないと、停留所の一番前へ走っていく。しかし、母はよし子を強い力で元々並んでいた所へ連れ戻した。バスのなかで無言の母を見て、よし子は自分のしたことをふり返り始める。

【ブラッドレーの請求書】
ブラッドレーは母に、お手伝いやごほうびの金額を書いた請求書を渡した。お

母さんはにっこり笑って何も言わず、1枚の紙とともにブラッドレーにお金をくれる。その紙は、母がブラッドレーにしてくれたことと、その代金が全て0ドル、と書かれた請求書だった。

小学校高学年

【手品師】
腕はいいがあまり売れていない手品師は、男の子に出会い手品を見せて元気づけた。手品師は男の子に明日も会う約束をする。その夜、友人から手品師に、大劇場に出演するチャンスだからすぐに出発してほしい、という連絡が入る。手品師は葛藤するが、男の子との約束を守るため、友人の話を断った。

【ロレンゾの友達】
3人の男に、ロレンゾから20年ぶりに再会の連絡がくる。しかし警察から、ロレンゾは犯罪者なので現れたら通報するように言われた。3人はそれぞれ、何も聞かず逃がす、自首をすすめるが逃がす、自首しないなら通報する、と意見を違える。しかし結局ロレンゾは無実と判明し、3人は警察から謝罪された。
※中心発問は行為を問うが、子どもの意見に対して、「どうしてそう考えるの？」という根拠を引き出す必要がある。方法論の議論で終わるのではなく、その根拠（判断・心情）に導く教師の切り返し発問が重要であろう。

【くずれ落ちたダンボール箱】
お店で男の子がダンボールを崩して行ってしまい、その祖母が困っているのを見て、「わたし」と友人の友子は代わりにダンボールを片付けていた。しかし、それを知らない店員にしかられてしまう。誤解され嫌な気持ちになるが、その後、学校に店員から誤解だったと謝罪の手紙が届き、明るい気持ちになれた。
※この資料では、正しいことは必ず報われる、ということを学べばいい。思いやり・親切の波及の姿をつかむこともできる。

【すれちがい】
よし子は、えり子と一緒に習い事に行くことになり、その時間を一方的に決めた。しかしえり子は時間になっても現れなかった。よし子は約束を破られたと思い、その後もえり子を無視する。一方えり子は、家の事情でその時間に行けなかったことを、よし子が聞いてくれないことにわだかまりを持つ。
※中心発問：よし子とえり子の心のなかに不足しているものは何でしょうか。

【銀のしょく台】
パンを盗んだ罪で長年投獄されていたジャン・バルジャンは、すっかり人間不信になっていた。泊めてくれた司教を裏切り銀の食器を盗んだ彼は、翌日警察に連行される。しかし司教は、それは盗まれたのではなくあげたものだと言い、そのうえジャンに銀のしょく台まで持たせた。ジャンは感銘を受け、悔い改める。
※ねらいは「寛容」。「自分だったらどうする？」と考えさせることが、司教の思いを理解することにつながる。司教の心の根底にあるのは、人間愛である。実際の自分の生活では司教のようなことはなかなかできないが、このような崇高な方がおられることを学ぶことは大事であろう。

中学校

【裏庭でのできごと】
遊んではいけない裏庭でサッカーをしていた雄一・健二・大輔。鳥をねらう猫にボールを蹴った雄一はガラスを割ってしまい、すぐに先生に報告に行く。その間に２人はもう１枚ガラスを割ってしまった。大輔は言い訳をして、それも雄一のせいにしてしまう。その事に葛藤した健二は、翌日先生に真実を告げる。
※健二を中心に考えさせていく。「昨日までの健二に足りなかったものは何だろう？」と問うてもいいが、「真実を告げた健二に手紙を書こう」くらいの方が、中学生は心を素直に表現できるのではないか。

【カーテンの向こう】
重病人の集まる病室。その窓は厚いカーテンで閉ざされていた。窓際のヤコブはいつも、カーテンの隙間から見える外の様子を病室のみんなに語る。外を見ることのできるヤコブをねたむ私は、ヤコブの死を願うようになる。ヤコブが亡くなり、窓際のベッドに移った私は、窓の外がレンガの壁であったことを知る。
※ねらいは、相手や他の人の立場を尊重しながら、相手に喜びを与える思いやりの心情を育てる。ならば、発問は、「カーテンの向こうは冷たいレンガの壁であることをこの目で見た時、私はヤコブのことを（いままで恨み、死んでほしいとまで思ったが）どんな心をもった人間だと考えただろうか？」

【足袋の季節】
貧しく冬に足袋さえ買えない私は、店でおばあさんの勘違いでおつりを多くもらったが言い出せなかった。おばあさんはおつりを渡しながら、私に「ふんばりなさいよ」と声をかける。昇進して、おばあさんに謝罪しに行くが、すでに亡くなっていた。私は後悔と共に、その優しさを今度は自分が誰かにあげねばと思う。
※思わず40銭をかすめとりはしたが、それでもなお主人公が人間として光っている点は何だろうか？

【銀色のシャープペンシル】
掃除中にシャープペンシルを見つけたぼくは、それを自分の物にする。授業中に使っていると、持ち主の拓也がそれをとがめてきた。とっさに自分の物だと言い、その後こっそり拓也のロッカーに返したが、心は晴れない。そこへ拓也からシャープペンシルが見つかったと電話で謝罪され、ぼくは拓也の家へ向かう。
※役割演技で、「僕が拓也の家に行ったあと、何を言ったか？」を行うといい。そして、「何が、僕を拓也の家へ行かせたのか？」を確認し、そのような心を持ち続けたいと思えればいい。

【元さんと2通の手紙】
動物園の職員の元さんは、少女とその弟を同情心から2人だけで園内に入れてしまう。2人は閉園時間になっても出てこず騒然となるが、無事に発見された。その後、元さんに2人の母親から2人を入園させてくれたお礼の手紙が届く。そして上司から解雇通知も渡された。元さんは2通の手紙を手に職場を去る。
※「自分ならどうするか？」を発表させた後、「元さんの社会人としての落ち度は？」と「人間としての素晴らしさは？」を考えさせる。そのことによって、元さんを超える人間に成長してもらう。

【1冊のノート】
同居している祖母はいつも兄弟の面倒をみてくれていた。しかし祖母の認知症が進み、ぼくは祖母に苛立ちを感じるようになる。ある日、ぼくは祖母が書いた日記を見つけた。そこには認知症が進むことへの苦悩と、家族への感謝が綴られていた。だんだん字が乱れ読めなくなる日記に、ぼくはいたたまれなくなる。

第2章 良心の覚醒・追求を促す道徳授業

1　東井義雄先生の詩

　はい、今日はこの方。（東井義雄先生の写真）　誰でしょう？
「校長先生には似てないし……」「先生のおじいちゃん。眉毛が似てる」（笑）
ヒント。先生のお師匠様。先生の先生でーす。
「じゃあ、先生が中学生の時の校長先生かな」「いや、先生が中学生の時の担任」
　うーん、よく考えるね。はい、この方はね、東井義雄先生という先生です。兵庫県の山奥の小学校の校長先生をされていた方です。
　もう亡くなられていますが、先生、20代の頃から、何か悩みがあると東井先生に手紙を書いて相談していたんです。
　日本教育史に残る、それはそれは有名な先生ですから、お忙しくて、九州のわけのわからない赤坂などという青年教師に手紙を書く暇なんてないと思うんですが、必ずお返事をくださってね、しかも、先生の欠点を指摘するんじゃなくて、先生のわずかないいところを見つけてくださって、「赤坂先生はここが素晴らしい。この姿勢をどうか大切にして頑張ってください」という感じで、いつもいつも励ましてくださったんです。
　いまでもそうなんですが、先生、毎朝、「オレは21世紀の東井義雄になる！」と自分で自分に言い聞かせているんですよ。

1 東井義雄先生の詩

　さて、今日は、この先生のお師匠様である東井先生の詩をみんなで読みあいましょう。

　読み終わったあと、一番心に響いたもの、君の心にビビビと来たものをひとつ選んでもらいます。そして、どこがよかったのか、何を思ったのかを発表してもらいます。

　では、この列から、ひとつずつ読んでいきましょう。

『東井義雄先生　人生の詩』（野口次男編，御幸印刷）

① 「根を養えば　樹は　おのずから育つ」

　はい、ストップ。（絵を描きながら）この詩は、こういうことを言っていると思いますよ。根は、見えますか？　土の中にあるから見えないよね。

　見えないところにある根を養えば、見える部分にある枝や花は自然と育つ、と。

　見えないところを育てることが大事だとおっしゃっているんですね。

　人間でいうと、見えないところ、どこかな？

　人間だと心でしょうね。心を育てれば、自ずから見える部分である姿や格好はしっかりしてくると教えてくださっています。

② 「自分の人生を　自分で　こわすようなことだけは　してくれるな。
　　　自分の人生を　自分で汚すようなことだけは　してくれるな。」

③ 「九（苦）をのりこえなければ　10のよろこびはつかめない。
　　　九九を通らなければ　100のしあわせは得られない。」

　はい、ストップ。この詩は２つのことを教えてくださっていると思います。

　ひとつは、九九、苦しいこといっぱいを通らなければ、100の幸せは得られないということ。

　もうひとつは、九九、苦しいこといっぱいのすぐ隣が100の幸せだということ。

　だから、九九、苦しいこといっぱいでも、すぐ隣が100なんだから、もうち

ょっとガンバって！って自分に言わなければね。

④「ほんものはつづく　つづけるとほんものになる。」

⑤「おなじ自分の手なのに　右手と左手のちがいは
　　いつどうやって　できたのだろうか。
　　　やっぱり右手は　不断の努力によって右手を　創ったのだし
　　左手は左手になる道しか　歩まなかったんだね。」
　右利きの人の詩ですね。

⑥「やってみたらできた　あのことも　できた　このことも　できた
　　できないのではなくて　しなかったのだ　やれば　できるのだ」

⑦「今が本番　きょうが本番」
　はい、これなんか、いまはやりの「今でしょ」ですよね。
　東井先生は30年も前に、「大事なのは今でしょ」って言われてたんですね。

⑧「天に向かってブツブツ言うな　雨の日には　雨の日の生き方がある。」

⑨「見えないところが　ほんものにならないと
　　見えるところも　ほんものにならない。」
　これは、①番の詩に関連するかもしれませんね。

⑩「人も物も　あなたのまわりのすべてが　あなたの教科書　あなたの先生。
　　進んで問いかけていこう　進んで学びとっていこう。」

⑪「できないことをよけて通るのではなく　できないことを見つけだし
　　それに挑戦していこうとする君　宝はそういう人にのみ　掘りあてられる。」

⑫「見てもらえなくっていいんだ　ほめられなくたっていいんだ。
　　そういうところでの全力投球　そこにぼくの生きがいがあるんだ。」

⑬「失敗しないことも　りっぱだが　失敗をプラスにかえて　生かすことは
　　それ以上に　りっぱだ。」

⑭「生きている　健康である　手が動く　足で歩ける
　　目が見える　耳が聞こえる。
　　このあたりまえのことの中に
　　ただごとでない　しあわせがあるんですね。」

⑮「ほめてもらうことも　礼をいってもらうことも　あてにせず
　　ただよろこんでもらうことを　よろこびとして　生きる生き方」

⑯「身のまわりを　ちょっとでも　美しく　ちょっとでも　気もちよくと
　　念じつづけてきた　あなたの　その箒（ほうき）の精神。」

⑰「あすがある　あさってがあると　考えている間は　なんにもありはしない
　　かんじんの『今』さえないんだから。」

⑱「鍛えれば　強くなる　鉄のように
　　磨けば　美しくなる　宝石のように。」

⑲「どんなに　つらくても　さじを投げることだけはすまい。
　　なにくそと自分に鞭（ムチ）をあててがんばろう
　　『朝のこない夜はない』。」

⑳「太陽は夜が明けるのを待って　昇るのではない。
　　太陽が昇るから　夜が明けるのだ。」

どうでしたか？　1番心に響いたもの、君の心に1番ビビビと来たものはどれでしたか？　ひとつ選んでください。そして、どこがよかったのか、何を思ったのかを書いてください。……では、4人グループで発表しあってください。何人かに発表してもらいます。

授業の最後に、お気に入りの詩を下の写真のように書き、日めくりカレンダーのように学級で掲示すると、その詩が子どもたちの心に根付いていきます。

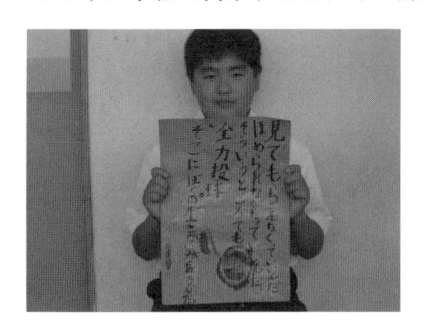

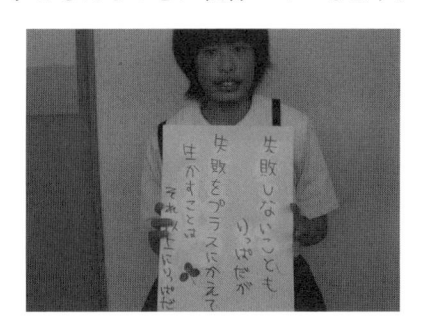

2　須永博と坂村真民

やはり、「詩」はいいですね。「詩」には魂がこめられていますから。「詩」は中学生の心を打ちます。ただし、「詩」なら何でもよいというわけではなくて、どのような「詩」といつ出会わせるかが重要です。

私が中学生に必ず出会わせる詩人は、相田みつを、坂村真民、東井義雄、星野富弘、須永博さんです。中学3年間の期間のなかで、この詩人のこの詩をこの時期にという計画をつくります。そして、生徒の心の状態をよく見て、計画を修正しながら実践していきます。

基本的には、4月から6月に出会わせることが多いです。年度はじめに、自分のその年の生き方の柱を見つけてほしいからです。このような授業を行っていきました。

144　2　須永博と坂村真民

[中学3年生：5月実施]

　今日の道徳は、1時間で3つのことを行います。

　①まず、須永博さんの詩を12編みんなで読みあいます。

　②次に、読みあった詩のなかであなたが1番気に入ったものを須永さんの真似をして描きます。

　③最後に、その詩のどこが気に入ったのか。その詩を読んで、自分はどう生きようと思ったのかを書いて、できあがった作品と共に提出して下さい。

　それでは、須永博さんの詩（『小さな夢の詩集』エフエー出版）を読みましょう。

・本気で生きよう　傷つくことは今まで以上多いかもしれないけれど
　一生懸命生きてみよう
　必ず自分の夢がつかめると信じて　今はこの道を生きていこう
・にんげん　いつもきたえておけば　いざくるしくなったとき
　それをはねかえすことができる
　にんげん　いまどりょくせよ　いまちからをたくわえよ
・俺の力はだれにも負けん　俺のやさしさはだれにも負けん
　俺の気迫はだれにも負けん　そして俺の愛しかたは誰にも負けん

　右は、制作の様子。

　生徒は、自分の心に響いた詩を選び、真剣に模写します。

　学級にピンとはりつめた緊迫した時間と作品ができあがった後の「やったー」という歓喜の時間が訪れます。

　翌日には、作品と感想を載せた学級通信を発行し、「どうしてそれを選んだのか」の友の考えを知り、学びあうよう

第2章　良心の覚醒・追求を促す道徳授業　　145

にします。

　生徒には、自分自身の力で自己の望ましい在り方を見つけ出す力があります。それを認め、誉め、励ましあいます。

✤✤

[中学3年生：11月実施]（受験をひかえ、様々な悩みや迷いがでてきた時期）

　今日の道徳は、まず復習！

　（板書する）「尊いのは、頭や手ではなく、尊いのは、（　　）である」

　……そう、（足の裏）でしたね。これは、坂村真民さんの詩でしたが、今日は、坂村さんの詩をもうひとつ紹介します。「しんみん五訓」です。

　「　ク○ク○するな　　フ○フ○するな　　グ○グ○するな

　　　○ケ○ケするな　　○コ○コするな　」

　さて、○にあてはまる語句を考えて下さい。…… 指名します。

　「クソクサ」「グヨグヨ」「グズグズ」「ヘコヘコ」「ノコノコ」「ボリボリ」（笑）

　じゃあ、坂村さんの詩を読みます。

　　　　しんみん五訓　（坂村真民『坂村真民一日一語』到知出版社，2006）
　　　クヨクヨするな　　フラフラするな　　グラグラするな
　　　ボケボケするな　　ペコペコするな

　それぞれの意味を言います。……「グラグラするな」には、先生は2つの意味を見いだしています。ひとつは、生き方をグラグラさせないこと。もうひとつは、グラグラこいて（頭にきて）、切れないこと。暴力をふるわないこと。

　では、今の君にとって、1番必要なものは、この5つのなかでどれですか？

　今の自分に最も必要だと感じたものを題にして、自分で自分に手紙を書きましょう。

　「クヨクヨするな。○○！」という感じで。今日は名前を書かなくてもいいですよ。

翌日の学級通信「たんぽぽ魂」には、以下のように生徒の作品を紹介しました。

> ・ボヤボヤすんな、○○！　今のお前はボケボケや！　きりかえろや！
> 　人生短いんや。もっと忙しそーにせーや！
>
> ・グラグラするな○○。
> 　最近のお前はちょっとしたことで、すぐイライラして物を壊したり、
> 　人に暴力をふるったりしている。
> 　そんなことをしても後で後悔すると思います。
> 　周りの人に迷惑をかけている事も気づいて下さい。
> 　何かひとつ打ち込めるものを見つけてみて下さい。
> 　多分そのことに集中できて、小さな事など気にしなくなると思います。
>
> ・フラフラするな俺！
> 　もうすぐ高校生なんだ！
> 　なのに夢もなく希望もなく、やりたいことが見つからない。
> 　中学校にいる間に、ちゃんと夢を見つけ、将来に向かって走りだすんだ！
> 　自分の進みたい道に。……進みたい道だけに俺は進む！
> 　フラフラやってられるか俺！
>
> 　すばらしい。先生は、君たちの声に感動します。本当に本当に嬉しく思います。
> 　３の１のみんなは、
> ①自分自身を冷静に客観的に見つめることができる
> ②現在の自分の課題を見いだすことができる
> ③これから自分がどうすべきか考えることができる。
> 　こういう人はグングン成長します。きっと３の１のみんなは必ず立派な大人になる。自分の花を咲かせて、人様のお役に立てる人になります。

道徳教育は、知識の教育ではありません。

しかし、知ることを抜きにして道徳的判断はできません。知ることを抜きにした心情の育成は、ひとりよがりの勝手な行動を生むことにつながります。

ですから、今回紹介した詩のような「真実」と出会い、人間のあり方・生き方を知る、学ぶということが本当に重要なんです。それが根本なんです。

そして、そういう「真実」に出会って、自己と対話をする。

道徳の時間は、自己を振り返る、自己を見つめるというところが、他の教科にない特徴なのですから、この特徴を十分に生かし切った道徳の授業を行う。

もちろん、集団思考を経ますよ。

道徳の授業は、個人からスタートして個人へ帰っていきます。

その途中にみんなと考えあうという集団思考を行うことで、他者の考えや立場を理解したり、自分の考えを磨いたり深めたりするんです。

この集団思考を通して、最後は、グッと自己を見つめるのです。

そして、本心からの「あこがれ」を見いだし、自分で自分を育てていくのです。

③ みんなで跳んだ

○資料…………新聞コラム「みんなで跳んだ」（朝日新聞夕刊，1997年11月29日）（滝田よしひろ『みんなで跳んだ』小学館，2001）
　　　　　　　テレビ番組『エチカ』の「みんなで跳んだ」
○願い…………「世の中には勝つことより大事なことがあるのだ」ということに気づいてほしい。また、「仲間と共に生きること」の喜び・素晴らしさを感じてほしい。
○対象学年……小学校高学年〜中学生

148　③　みんなで跳んだ

1　「大縄跳び大会」１ヶ月前に授業実践

（起立、礼）

はい、今日は新聞コラムを読みましょう。

> 「大縄跳びで、彼を外すのはいやなんです」。
> ある中学校の運動会の前日、先生にクラスの一人が言ってきた。
> 長さ20メートルほどの縄をクラス全員で跳び、合計回数を競う。
> だが、彼だけが跳べない。
> 一人で、次に二人で練習した。
> みんなで声をかけてもみた。なお引っかかった。
> 一緒に跳ぶのが平等なのか。外すのが思いやりなのか。
> 先生は迷いながら、彼を声かけ役にしていた。
>
> みんなで放課後に話し合った。一人ずつ意見を言う。
> 36人中「勝てなくなるから入れない」が13人。
> 「チームワークが大切だから一緒に」が11人。
> 後半にだけ入れる折衷案が出た。「ここらで落ち着くか」と思った先生は採決した。
> ところが、「反対」が23人。
> 「彼には全部出ないよりつらい」「みんながバラバラになってくのはイヤ」
> さらに「跳びたくないのって彼にきいたら、跳びたいって。だから、入れたい」
> ぱちぱちっと拍手が起きた。
> 別の子が立つ。「勝ち負けなんて」。拍手が大きくなる。
>
> 「本音聞かして。それでいいのか？」先生は涙声になっていた。
> 全員が「一緒」に手をあげた。
>
> 本番では、５クラス中のビリだった。
> それでも、彼は初めて続けて跳べた。
> 友だちと手をつないで、次は一人で、全部で71回跳んだ。
> 彼は後で作文に書いた。

「とびはねるほどうれしいです。今日のぼくは絶好調でした」。
　心配でみんなの足元ばかり見ていた先生が、ほかの生徒の作文で知ったことがある。
「みんな、とびながら泣いていました」
　　　　　　　　　（1997年11月29日　朝日新聞夕刊「みんなで跳んだ」）

　この新聞コラムがきっかけになって、このことは、このように本『みんなで跳んだ』にもなっています。
　そして、テレビでも放映されました。
　『エチカ』というテレビ番組で放送されたものを録画していますので、今からそれを見てみましょう。
　映像で見ると、もっと理解できると思います。

　　　　　　　　テレビ番組『エチカ』の「みんなで跳んだ」

　はい、この城北中学2年1組の映像を見て、「いいなー」と思ったところはありましたか？
　2人組みで語りあいましょう。
　ひとり2分。聞く方は、うなずいて聞いてあげましょうね。
　はい、では交代。2人目の人、自分の考えを言ってください。

　では、学級発表集会にしましょう。
　この映像を見て、「いいなー」と思ったところ、そして、自分はこれからこのクラスで何をしたいか、を発表してください。
　発表者は、自分の発表後、誰かを指名して、その友から、励ましのメッセージをもらうことができるようにします。

　だれか、発表してくれる人いますか？

立候補がなければ、では、今日は、〇〇君、〇〇さん、〇〇君、〇〇さん、前に出て発表してください。

　〇〇君、どうぞ。
「はい、僕がいいなと思ったのは、勝つことよりも、みんなで一緒に跳ぶことを選んだことです。
　そして、最下位だったけど、全員で涙を流して喜んでいることです。
　僕は、僕たちのクラスも友だちのことを心から思いやって、真剣に話し合いをすることができるようになりたいと思いました。
　こんなクラスになりたい」

　〇〇君、ありがとう。
　では、〇〇君、君に励ましのメッセージを言ってくれる人を指名してください。
「じゃあ、△△君に」

「〇〇君が言ったように、勝つことよりも、みんなで一緒に跳ぶことを選んだことは本当にすごいと思います。
　それに、体育祭の前日に何時間にもわたってみんなで真剣な話し合いをしたこともいいなと思います。
　ぼくも、こんな風に友だちのことを本気で考えあうクラスになれたらいいと思います。こんなクラスになるよう一緒にがんばりましょう」
　△△君、〇〇君への励ましのメッセージ、ありがとう。

　では、次、〇〇さん、発表どうぞ。
　……。

　最後に、次の２点について感想を書いてください。

①この映像を見て、「いいなー」と思ったところ。
②級友の発表を聞いて思ったこと、考えたこと。

2　ほんものの道徳授業とは

　ほんものの道徳授業とは、どういう授業なのでしょうか？
　私は、以下のような授業ではないかと考えています。

> ①教師が、心の底から大切だと思っていること、人生で１番大事だと思っていることを、本気で伝えている授業。ウソのない本気・本腰の授業。
> ②「言葉では説明しにくいけど、今日の道徳では、とてつもなく大切なことを先生から学んだ気がする」そんな感覚や余韻が子どものなかに残る授業。
> ③子どもの心に響くだけでなく、子どもの心が打ち震えるような授業。
> 　子どもの表情に「笑顔」「驚き」「涙」が見られ、「今日の授業はとにかく感動した。一生忘れない」という子どもの心の内奥からの叫びが聞かれる授業。

　なかなか自分で、「あぁ、今日は、ほんものの授業ができたなー」と感じることはできないものですが、本授業は、それが実感できた数少ない授業のひとつです。

　教師は、なるべくしゃべらず、資料を、頭で言語的、論理的、分析的に学習することはしない。
　中心資料を映像にし、子どもたちに理解しやすいように配慮して、そのまま丸ごと触れさせて、全体的に学ばせています。
　そうやって道徳的感性を磨き、道徳的心情を豊かにしようとしています。

　道徳的心情は道徳性の根幹です。
　道徳的心情を豊かにすることが、道徳的実践力の強化につながります。
　本授業は、子どもたちが感動し、道徳的心情を豊かにすることができる授業です。

4　「葬式ごっこ」

　そのような授業になっているかどうかは、子どもに聴くことです。
　授業中の子どもに「笑顔」「驚き」「涙」が見られるときは、そのような感動のある授業になっているときです。
　本授業では、ビデオを視聴した後、そして、学級集会で発表しているときや、励ましのメッセージをもらうとき、子どもたちの美しい「涙」をよく見ます。

　なお、私は、この映像資料はテレビ番組を録画して作ったのですが、教師は、テレビを観ているときも、お買い物をしているときも、旅行のときも、
　「これは教材にならないかなぁ」
　「あっ、ひょっとして、これは道徳で使えるかな」
という感じで、教材発掘をしておかねばなりません。

　あなたの生活のあらゆる場面に、授業の「ネタ」「道具」「ヒント」が転がっています。
　あなたの生活すべてが、教材発掘タイムとなります。

4　「葬式ごっこ」

○資料…………「葬式ごっこ」
　　　　　　　　（豊田充『「葬式ごっこ」八年後の証言』風雅書房　1994）
○願い…………文章を読むことによって、人間の押し流されやすい心を見つめる。
　　　　　　　　そして、自分の心は麻痺していないか、自分の心を直視してほしい。
○対象学年……中学生～高校生

1　子どもたちの心がもろくなる前に

　はい、これはなんだと思いますか？（「葬式ごっこ」で使われた色紙の写真）

第2章　良心の覚醒・追求を促す道徳授業　153

　君たちが生まれる前、1986年に、東京都中野区の中学2年生の男子生徒が自殺した事件があったんです。
　「鹿川君事件」と言うんですが、この事件は、遺書の存在によっていじめが原因であったことがはっきりしているうえ、教師も加わった「葬式ごっこ」というのがあってね、それはそれは世間にたいへんな衝撃を与えたんです。
　この写真は、その「葬式ごっこ」で使われた色紙なのです。
　ほんとに、むごく、ひどいですねー。胸が痛くなります。

　先生はね、この事件に関しては、君たちに「自分たちが生まれる前の事件だから」と言って無関心であってほしくないんです。絶対に忘れてはいけない事件だと考えています。この事件から私たちが学ばなければいけないことが多々あると思っているんです。
　それで今日の道徳は、この事件から8年後に書かれた、鹿川君のクラスの友だちの文章を読みます。
　少し長くなりますが、考えさせられることがたくさん出てきますので、集中してしっかり読んでください。お願いします。
　では、○○君から。

　　　　　「葬式ごっこ」八年後の証言（要約）
　　　　　　　　　　　　　　　　　　　　　　　　　　　豊田　充
「自分が弱い人間であることを知られるのが、死ぬほどいやだった」
　　　　　　　　　　　　—岡山君（浪人して大学4年生）
自分を弁護する気はない
　気持ちのうえでは、整理がついているが、頭が悪いので、系統だって説明するのは難しいと思う。でも、自分を弁護する気はない。名前が出ても、構わない。
　自分の見たこと、聞いたこと、感じたこと、知っていること、考えたことを、率直に伝えたいと思う。

4　「葬式ごっこ」

　ぼくがこの事件について書くことで、分かってほしいのは、自分の罪を懺悔（ざんげ）しようなんて、そんな気持ちではない。
　ぼくはこんなに反省しています、なんてアピールしたいわけでもない。
　本当に分かってもらいたいのは、人間の心のもろさ、人間の心の頼りなさであり、どんなに正しくあろうとしても、周りの環境に慣れてしまう、ということの恐ろしさだ。
　たとえ、教育委員の人だって、あのときの藤崎（担任）先生や他の先生方と同じような環境にいたとしたら、やはり同じように、事件を起こしてしまうのではないか、とぼくは思っている。

　事実から逃げていた
　鹿川が死んで以来、自分があの事件に少しでも関係があった、という事実から、ずっと、逃げていた。
　自分があのいじめを見ていても、止めることができなかった弱い人間だ、と他人に思われることが、死ぬほど嫌だったから。ぼくはいつも、見かけだけの人間だった。
　ことし春ごろになって、やっと、自分なりのとらえ方ができたような気がする。
　鹿川に対してなされたことは、どの学校にもある軽い遊び程度のものだった、と思っていたし、そう信じたくもあった。
　高校に進んでも、中野富士見中から来た、と言うと、みんな鹿川のことを聞く。
　そんなときも「おれは関係なかったよ」とか「よく知らなかった」とか答えた。
　自分は小学生のとき、よく陰湿ないじめにあっていたので、いじめはどんな小さなものでも、絶対に許さない、という信念を持っているつもりだった。
　しかし中学に入って、周囲であまりにも日常的に目にする子どもっぽい幼稚ないじめによって、小さないじめや嫌がらせに対する感覚がまひしていったように思う。

自分もかつて陰湿ないじめにあったことから、人の痛みがだれよりも分かるはずなのに、環境に慣れてしまった。
　いま思うのは、人間はとても弱く、もろいものなんだ、ということだ。

　「裕史（ひろし）は小さかったからね」
　高校1年の終わり近く、鹿川の三回忌の前後に、中学時代の友だち数人で、彼の家にお悔やみに行った。
　留守番をしていた小柄なおばあさんがたったひとり、迎えてくれて、ぼくたちをこたつに招きいれた。
　「あら、裕ちゃんのお友だち。よく来てくれたわね、コーヒー飲みなさい」と言って、「あなた方は何かスポーツやっているの」と聞いた。
　「ぼくはラグビーです」
　「ぼくは剣道です」
　「ぼくは少林寺拳法です」
　「あなた方はいいわね。大きくていいわね。裕史は小さかったからね」
　ぽつりぽつりと続く会話の中で、「この人はこんな悲しい目にあうために、70年も80年も生きてきたのか」という思いがした。
　悲しい表情もつくらず、たんたんと話すおばあさんの姿は、ぼくにとって本当にショックだった。
　そのときのショックがなければ、ぼくはあの事件からも、あの事件を考えることからも逃げて、まるで関係ない部外者のような顔をしていたと思う。

　ぼくは体も大きかったし、運動もよくやっていた。
　だから、鹿川を助けてあげられたんじゃないか、自分ならできたんじゃないか、という思いが、あの日から時間がたつにつれて強くなっていった。
　高校時代はずっと楽しめなかった。中学時代から部活を続けていたが、体がぼろぼろで、すぐ貧血を起こすし、食事も進まなかった。
　ぼくがなぜ苦しんでいるか、まったく知らない友だちが、別のことだと思って「思い込みだよ」とか「考え過ぎよ」とか、いたわってくれたけど、自分ではどうにもできなかった。

4　「葬式ごっこ」

　大学３年の春ごろになって、ようやく、気持ちの持ち方が変わった。
　自分のしたことを、そのまま認め、余計なことで自分を弁解するよりも、自分が考え、感じ、苦しんだことを、少しでも、いじめをなくす方向に役に立てたい、と思うようになったからだと思う。
　それまでの７年以上、分からないままでいたのは、あの中２当時までに、自分がどう育って、どういう精神状況だったのか、まで考えなければならなかったからだ。

あの当時、まわりの目ばかりが気になっていた

　中学時代、思春期にありがちな自意識過剰の時期で、自分の望む理想像と自分自身のギャップが大きく、中２のあの当時、自分自身がストレスが強くて、危ない状況だった。
　富士見中に入ったとき、ぼくとは別の小学校からきた同級生が、荒っぽいのにショックを受けた。万引きも平気でするし、弱いものいじめもふつうだった。
　小学校のとき、いじめられていたから、弱いとはっきり位置づけされてはいけない、という意識は強かった。
　弱い者は絶対に守らねばならない。しかし、弱い者と同類と思われてはならない。自分のことばかり考えていたから、自然と、どこにいても、まわりの目ばかりが気になっていた。

みんながみんな不安だった

　クラスの中に、閉鎖的なグループがいつのまにか、どんどんできていって、大きく４つくらいに分かれた。
　男子、女子ともそれぞれ、いばっている組と、おとなしい組ができた。
　何かいやで、そこでもストレスを感じた。
　おとなしい組の人たちは一見、楽しそうに、仲よくやっているが、不安だからいっしょに行動していた。純粋だったが、その一方で、みんながみんな不安だった。
　AやBたちのグループも、そのひとつだったが、正直に言って、自分にとっては、そんなに怖い存在ではなかった。

AやBも、力が強いわけでもなく、弱い犬がよくほえる、という感じだった。
Bは小学校時代はよくできたらしい。
中１のとき、足が悪い級友を川遊びに誘ったり、やさしい面もあった。
が、成績がだんだん落ちて、中２では学校も休みがちになった。
あの当時、よく、けんかもあったが、いま思えば、たわいないものだった。
相手がけがしようとなんだろうと、やっちまえ、という感じだったが、それでいて、だれかが止めるのを前提に、やりあったのだ。
そのうち、女子が先生を呼びに行く。けっこう、冷めていたわけだ。
Aなんかも、主にけしかけるだけだった。
「まかしとけ」なんて言っても、いざというときは、逃げてしまう。

２年のとき、他の中学校とけんか騒ぎになったときも、そうだった。
ぼくはAに「お前も行くか」と言われ、小さく見られるのがいやで、「当たりめぇだ、行くよっ」と答えた。
５、６人で行くのかと思っていたら、40人くらい集まったので、驚いた。

相手と会う場所は、ゲームセンターだった。
相手側に４、５人、でかくて強そうなのが来ていた。
みんな素知らぬ顔でゲームに熱中するふりを始めた。
ぼくは隅の、少し離れた場所で、こいつら何を考えてんだ、と思いながら、その光景をずっと見ていた。
気がついたら、Aたちは消えていた。
そのうち、Aたちが先輩（OB）たちを連れてきて、相手と話をつけた。
結局、なんだったんだろう。みんな、軟弱なんだ。そんな程度だ、と思った。
みんな弱いものいじめしかできない最低野郎。
そんな連中しか、まわりにいなくて、ぼくの中学時代は最悪だったかもしれない。

鹿川は涙をぽろぽろ、こぼしていた
葬式ごっこのことも、苦い思い出だ。
前の日、４、５人が教室のすみっこで話していたので、ぼくが顔をつっこん

4 「葬式ごっこ」

でみると、「ねぇ、鹿川を死んだことにしちゃおうよ」と言われた。
　ぼくは何も考えずに「おもしろいじゃん」と言ったと思う。
　そして、やはり何も考えず、準備にも加わった。
　当時、自分を大きく見せることと、人になめられないようにすることで、ぼくはすさんでいた。
　あの時点では、みんなでやったこの行為が、どれだけ彼に心の傷を与えるのか、という意識はなかった。感覚がまひしていた。
　だれかが前日、鹿川に「あすは遅れて来いよ」と言ったらしい。
　当日、鹿川の机に色紙や花、夏ミカン、線香を飾った。
　休み時間に鹿川が来て、色紙をみた。
　その後の授業は美術だったと思う。教室を移動するために、みんながばらばらと教室を出ていき、自分も教室を出る準備をしていたら、鹿川がそばに来て「てめえ、なんだよ。こんなこと書いてんじゃねえか」と言った。
　笑いながらだったが、涙をぽろぽろ、こぼしていた。
　ぼくはそのとき、「うるせえ」とか、軽くぽんと、突き放すようなことを言ったと思う。

　たしか、裁判では、葬式ごっこはいじめと言うより、遊びだった、という一審判決が出たのではなかったか。
　自分もずっと、そう思っていたが、いまにして思えば、葬式ごっこは、鹿川がみんなにとっての自分の生命の軽さを感じ、自殺の前に踏みとどまる最後の支えであるべきひとつを失った伏線だったと思う。

鹿川はぼくの分身みたいに思える
　鹿川の家には２回か３回、行った。
　中２の最初のころだったと思う。友だち２人といっしょだった。
　鹿川は他の人にはそうではなかったが、ぼくなんかに対してはテメエ、バカヤロとか、乱暴な言葉を使っていた。
　わざと荒っぽい言葉を使いながら、それでいて、相手の様子をうかがうようなところがあった。

たぶん、そんな乱暴な言い方をして、仲のよさを、ことさら示そうとしていたのだろう。半面、自分が描いたマンガやイラストは必ず、ぼくに見せてくれた。
　ぼくは２、３回行ったあと、足が遠のいた。
　弱いものは絶対、守らなければならないと思っていたが、同時に、弱いものと見られたくないという気持ちが強かったので、彼と同類と見られるのが、ぼくはいやだったのだ。
　あるいは、いま考えれば、ぼくは自分に、鹿川と共通のものがあるのに、気づいていたのかもしれない。たしかに、ぼくには、鹿川に似ているところはあった。
　弱いというか、行き場がないというか。体が大きいか小さいかの違いだけで、彼が自分の一種の分身みたいに、いまは思える。自分も小さかったら、いじめられていたんじゃないか。
　同時に鹿川の方も、ぼくが彼自身と共通のものを持っているのを、感じていたんじゃないか。本当は、臆病で弱いのだ、ということだ。
　しかし、鹿川から見れば、ぼくはAとかに対等にものが言える、止めようと思えば止められる存在に見えた、と思う。
　実際、Bが先生に暴力を振るいそうになったとき、走っていって止めたこともあったから、そういう要素も、けっこう、あったのかもしれない。

　だから、ぼくは彼の気持ちを分かることができたはずだし、体もでかく、けんかもよくやっていたぼくなら、彼を守って、死なせずにすむことが、可能だったのではないか。
　人の生命を支えることは、相手に共感を持って話を聞くだけでも、彼と楽しくやさしい思い出をたった一つ、つくるだけでも、可能になる。
　ほんの小さなことでも、人の生命を守ることができるのだ。
　そのことに気づいていれば、決して彼を殺すことはなかった。

4　「葬式ごっこ」

　いまは、怖いものはない
　自分は彼を、直接いじめた人間ではない、と思う。
　ただ、彼との友情から、自分から離れて行ったことと、葬式ごっこに加担したこと、この2つの行為で、彼の生命を引き止める本当に重要な絆を、断ち切ってしまったのだ、と思っている。
　だから、苦しみ、悩み、自分を追い詰め、そしてようやく、乗り越え始めたこのごろになって、やっと自分がこれからの人生を、どう生きていくかを見つけたと思う。
　いま、怖いものは、何もない。自分が弱い人間であることを、隠す必要がなくなったからだ。

　先生たちが悪いとは思えない
　弱さを死ぬほどきらったぼくは、先生たちの人間としての弱さに、いらだちを感じていた。
　ただ、先生たちが悪いとは、いまは思えない。
　先生たちなりに、一生懸命やっていたと思う。
　担任だった藤崎先生に関しては、生徒の方がすさみ過ぎていた。
　あの生徒を相手にしたら、ふつうの神経じゃいられない。
　先生はやさしく、楽しかったが、だんだん抑えがきかなくなって行ったのだと思う。
　毅然としていたのは、体育の先生くらいだった。
　しかし、その先生すら、日常的ないじめ、いやがらせに慣れすぎて、感覚が相当にまひしていた、と思う。

（1994年10月　風雅書房刊）

　はい、集中して、しっかり読むことができましたね。
　10分間、時間をあげますので、もう一度、自分で読み直してみましょう。
　そして、「これは大事だなぁー。決して忘れてはいけないな」と思う部分に線を引いてください。

……では、4人組になって、「自分が大事だなぁー、決して忘れてはいけないな、と思った箇所」を発表しあってください。どうして、そう思ったのかの理由も言ってください。

　……いくつかのグループに聞きますね。みんなは友だちの考えをしっかり聴いて、自分の考えをより深めてくださいね。

　……残りの時間は、①今日の資料を読んで考えたこと②友だちの発表を聴いて考えたこと、を書いてください。

2　文章を読むことが、ひとつの「経験」となる
・「死」につながる行為は、たとえ「ごっこ」や「遊び」の体裁をとっていても、たいへん危険なものとなる。
・教師がいじめに加担することが、いじめを決定的に加速する。

　「鹿川君事件」は、以上のような教訓を残していますが、私たちはいままでに起こったすべての悲しい事件（大河内君事件、筑前事件、大津事件など）を詳細に調べ、そのそれぞれから「教訓」を引き出し、今後の指導に生かしていく必要があります。

　1986年以降のいじめによる自殺事件を調べますと、以下のことがわかります。
・中学2年生の自殺が多い。
・男子の方が多い。
・都会、地方に関係なく起こっている。
・この27年間、学校は適切な指導を行うことができているとは言えない。

　残念ですが、やはり、「学校は適切な指導を行うことができているとは言えない」と言わざるを得ません。

4 「葬式ごっこ」

どうしたらいいのでしょう。

学校で、まずは、「言葉を通して体験を先取りする」道徳授業に取り組むのです。

計画的に、意図的にです。

本実践の岡山君の文章には、周りの環境に流され慣れていってしまい、感覚を麻痺させていくという「心のもろさ」が吐露されています。

岡山君の、このような「力」のある文章を読むこと、それ自体が、子どもたちにとって、ひとつの「経験」となります。

そして、読むことによって、「人をいじめること」や「人から心を押し流されていくこと」を踏みとどめることができます。

読むことで、自分の弱い心に「歯止め」をすることができるのです。

人間は、実に、弱いものです。

それゆえに、自分の流されやすい弱い心を直視し、自分で自分に「踏みとどまる力」を与えていかねばなりませんが、それを、この「言葉を通して体験を先取りする」道徳授業で行うのです。

子どもたちの心がもろくなる前に、この岡山君の文章にぜひ出会わせたい。

全国の中学校や高校で、この文章に子どもたちが出会えば、確実に子どもたちは変わると思います。

岡山君の言葉を思い出すことによって、子どもたちの「認識」が変わり、「行動」が変わっていくのです。

さて、子どもたちは実はしっかり見ています。

道徳の時間に教師が伝えている内容を、教師自身がどれくらい本気で大切に思っているのかどうか、子どもたちは敏感に感じとっています。

「1週間に1時間やらなければいけないから、仕方なくやっている」授業は、

「先生は仕事だからやっているんだ。たいしたことない」とズバリ見抜かれています。
　子どもはその点、天才ですし、誤魔化しのきかない存在です。

　道徳授業では、「先生が本気で伝えたいこと」しか、子どもたちに伝わりません。

　１学期に一度でいい。
　それが無理なら１年に一度でもいい。
　先生が、「いじめだけは絶対に許さないぞ」など、本心から熱く思うことを全身全霊で伝える、そういう直球勝負の道徳授業を行ってほしいと願っています。

　「この資料で私の思いを是非伝えたい」、そんな先生の魂が込められた資料であれば、心を込めて、ただゆっくりと読み聞かせる、そしてそこで感じ取ったことを書かせたり、話し合わせたりする、それだけでも構わないのです。
　それで立派な道徳授業になります。
　いや、それこそが、子どもの心に響き、子どもの心を打ち震わす道徳授業となります。

　やはり、最後は、授業技術の問題ではありません。
　子どもたちに「これだけは伝えたい」と思えるものを持っているかどうか、先生の「人生論」の問題となります。

5 長谷部誠キャプテン

1 ワールドカップ前にさりげなく実践

突然ですが、うちのクラスでサッカー部は〇〇君と△△君でしたよね。

じゃあ、〇〇君、君、道徳の授業で、サッカー選手を学ぶとしたら、どの選手のことを学びたい？

「えっと、ぼくは、うーん、やっぱり、本田選手かな。イタリアで活躍しててスゴイから」

△△君は？「ぼくは、長友選手。体もそんなに大きくないのに、いつも、ファイト満々で世界で活躍しているから」

なるほど、本田選手に長友選手か。確かに、いいねー。

うん、でもね、今日はね、この選手のことを学ぼう。ジャジャン、誰？（写真）

そう、長谷部選手ね。

〇〇君、△△君、長谷部選手って、どんな選手？　みんなに説明して。

……はい、〇〇君と△△君が言うように、長谷部選手は、前回もそして今回もキャプテンに選ばれているんですが、どうして、長谷部選手がキャプテンに選ばれるんでしょう？　〇〇君、△△君、わかる？

……先生、その秘密を探りたくてね、長谷部選手の本を読んだんです。

その本の目次をみんなで読んでみましょう。

長谷部誠『心を整える。勝利をたぐり寄せるための56の習慣』の目次から

1，意識して心を（　　　　　　　　）時間を作る。
2，（　　　　　　）は心の掃除に通じる。
3，（　　　　　　）発言は自分を後退させる。
4，（　　　　　　）ことには真っ向から立ち向かう。

第2章 良心の覚醒・追求を促す道徳授業　165

> 5．(　　　　　　)人の姿を目に焼きつける。
> 6．(　　　　　　)や我慢はひけらかさない。
> 7．(　　　　　　)は自分の考えを進化させてくれる。
> 8．(　　　　　　)が努力を無駄にする。
> 9．(　　　　　　)バカではいけない。
> 10．他人の失敗を、自分の(　　　　　　)にする。
> 11．指揮官の立場を(　　　　　　)する。
> 12．(　　　　　　)は自分の成長につながる。

　(　　)のなかには、何という言葉が入ると思う？　ひとりで考えてください。
　では、答え合わせをしましょう。はい、この列。
1．鎮める　2．整理整頓　3．マイナス　4．苦しい　5．頑張っている　6．努力　7．読書　8．遅刻　9．ネット　10．教訓　11．想像　12．感謝、です。

　どうでした？　予想があたったかな？
　では、今度は、この12のなかの8番の「遅刻が努力を無駄にする」の文章の抜き書きを持ってきましたので、それを読んでみましょう。

> 　　　　　遅刻が努力を無駄にする。(要約)
>
> 　子どものときから現在まで、サッカーに関しては僕だけの集合時間がある。
> 　常に1時間前に着くようにしているのだ。
> 　たとえば、「15時集合」だったら14時に着くように家を出ていた。
>
> 　1時間前に部室に到着すると、僕はまずカバンから練習着とスパイクを取り出し、長イスの上に並べていく。
> 　自分の脱いだ服をきれいにたたみ、ゆっくり着替えていく。
> 　部室は決して広くないけれど、自分しかいないので何をするにしてもスペース

> は十分だ。
> 　誰に気づかうこともなくストレッチをして身体をほぐす。
> 　このとき前日までの課題を頭の中で整理して、今日はこんなところに取り組んでみようとポイントをしぼる。
> 　ひとりだけのぜいたくな時間。
> 　練習という限られた時間を無駄にしないために、僕にはこういう自分なりの心と身体を準備する時間が必要なのだ。
>
> 　……当然ながら、サッカー部だけでなく学校生活でも、病院に行くといった特別な理由がない限り、遅刻をしたことは一度もなかった。
> 　プロになってからも遅刻はゼロ。誰かとの約束でも遅れることはない。
> 　遅刻というものは、まわりにとっても、自分にとっても何もプラスを生み出さない。
> 　まず、遅刻というのは相手の時間を奪うことにつながる。
>
> 　僕は遅刻をする人を信頼できない。
> 　練習中に声を出して、まじめに取り組んでいる選手がいても、一度でも遅刻したら「あいつの意気込みは、その程度のものだったのか」と、信頼のレベルは落ちるだろう。
> 　積み上げてきたものが、たったひとつのミスで無駄になる。
> 　時間に遅れるのはどこかに甘さがあり、本気で取り組んでいないという証拠だ。
> 　ふだんの頑張りを無駄にしないためにも、時間については絶対にルーズにならない方がいい。
> 　これからも僕は、時間に正確に、そして自分だけの集合時間を守り続ける。

　はい、長谷部選手は、時間に正確で、集合に関しては１時間前を心がけているんですね。
　すごいですね。これはやっぱり、キャプテンに選ばれますね。
　長谷部選手の本を読んでみて、そのことがよくわかりました。
　さて、みなさん、今日は、長谷部選手の本の目次と文章を読みましたが、こ

のなかで、あなたが自分の生き方に取り入れたいものはありますか？　ひとつだけとしたら、どれを取り入れたい？　理由も聞かせてください。はい、３分。

　では、２人組で、自分の取り入れたいものと、その理由を語り合ってください。
　はい、止め〜。では、指名します。○○君。
　「ぼくは、④番の『苦しいことには、真っ向から立ち向かう』です。最近、なんか、いつもダルくて、ダレダレしてて、面倒くさいことからは逃げてばかりだから、この文を読んで、頑張らなくてはと思いました」
　う〜ん、そうかい。あぁ、いいねー。じゃあ、○○君、君が「この人の考え聞きたい」という人を指名してください。
　「じゃあ、□□くん」
　「えっー、うんと、僕は、⑥番の『努力や我慢はひけらかさない』です。努力や我慢は人のためにしているのではなくて、自分のためにしているのだから、長谷部選手が言うように、僕もひけらかさないようにしたいです」（おーう）
　……ありがとうございました。今日は、長谷部選手の考えを学んだり、級友の生き方に取り入れたいものを聞きました。
　それらすべてを含めて、感じたこと、思ったことを自由に書いてください。

2　資料開発と板書

　教師は、①児童生徒の実生活につながるもので②建前でない、本音で語れるものを③思考と発表の内容に深まりがあるものを④教師による教え込み中心でないものを⑤児童生徒が興味関心をもって参加できるものを、常に開発していく必要があります。

　そして、板書は、一般的である「場面展開型」の板書だけでなく、「テーマ重視型」の板書を多く取り入れていきたいものです。（本授業は、この型がいい）
　「テーマ重視型」の板書は、物理的、心理的な時系列ではなく、価値にかか

わる多様な考えを構成的に幅広く映し出そうとするものです。

この「テーマ重視型」の板書で、①テーマをクローズアップすること②違いが見える構造的なものにすること③子どもと共に創ること、を心がけるとよい板書になります。

6　フランクリン・メソッド

○資料…………「習慣としたい徳のチェック表」
　　　　　　（フランクリン『幸福実現のためのフランクリン・メソッド』総合法令出版，2009．より作成）
○願い…………フランクリンの戒律を参考にして、自分はどの徳を習慣として身に付けたいか考え、それを身に付けようと努力してほしい。
○対象学年……小学校高学年〜高校生

1　歴史で「アメリカの独立」を学んだ後に

はい、今日はこの人。(写真)

歴史の授業で少し習ったんですが、誰だかわかりますか？

アメリカの独立に全力を尽くした政治家で、合衆国憲法に多大な影響を与えた思想家として「アメリカ建国の父」と呼ばれている人なんですよ。

そう、よくわかったね、ベンジャミン・フランクリンです。

フランクリンは、「自分の人生は自分で切り開くものだ」という考えを持っていて、「道徳的で完全な人間になる」ために、自分で自分にとって必要と考えた13の徳を自分の習慣にするよう工夫して生きているんです。

フランクリンの言う13の徳というのは、以下のものです。読みましょう。

1．節制
　度をこさないようにほどよくすること。頭や体が鈍くなるほど食べないこと。
2．沈黙
　他人あるいは自分に利益にならないことは話さないこと。
　よけいな無駄話はしないこと。
3．規律
　自分の持ち物はすべて置き場所を決めておくこと。
　仕事は、それぞれ時間を決めて行うこと。
4．決断
　なすべきことはやろうと決心すること。
　決心したことは、必ずやり遂げること。
5．節約
　他人や自分に役立つことのみにお金を使うこと。無駄遣いはしないこと。
6．勤勉
　時間を無駄にしないこと。いつも有益なことに時間を使うこと。
　無益な行動をすべてやめること。
7．誠実
　だまして人に害を与えないこと。清く正しく思考すること。
　口にする言葉も、また同じ。
8．正義
　不正なことを行い、他人に損害を与えないこと。
9．中庸
　何ごとも極端でないこと。たとえ相手に不正を受け、激怒するに値すると思ってもがまんした方がよいときはがまんすること。
10．清潔
　身体、衣服、住居を不潔にしないこと。
11．冷静
　つまらないこと、ありがちな事故、避けられない事故などに心を取り乱さないこと。

12. 純潔
　心にけがれがなく清らかなこと。
　自分や他人の平和な生活を乱したり、信用をなくしたりしないこと。
13. 謙譲
　へりくだりゆずること。イエスとソクラテスを見習うこと。

　フランクリンは、これらの徳すべてを習慣として身に付けようと考えます。
　やり方は、一定の期間にひとつの徳に集中し、それが身に付くと、次に移る。それを続けることで13の徳を身に付けていこうというものです。
　具体的には、次のようなチェック法を考え出し、毎日自分の行いをチェックして習慣化を図っています。

	日	月	火	水	木	金	土
1. 節制							
2. 沈黙							
3. 規律							
4. 決断							
5. 節約							
6. 勤勉							
7. 誠実							
8. 正義							
9. 中庸							
10. 清潔							
11. 冷静							
12. 純潔							
13. 謙譲							

フランクリンは、「13週間毎日チェックしても、ついには、手帳には黒点ひとつないのを見て喜びたいと思った」と言っていますよ。
　また、「努力する事によって何もやらなかった場合に比べて、人間もよくなったし幸せにもなれた」とも言っています。

　さぁ、今日の道徳は、フランクリンをまねて、私たちも、自分の習慣としたい徳のチェック表を作りましょう。
　フランクリンの13の徳のなかから、あなたが是非、これだけは身に付けたいという徳を3つだけ選んで表を作成してください。

　……どんなチェック表ができましたか。
　どうして、その3つを習慣にしたいのか教えてください。
　「先生、先生は、どの3つですか？」
　えっ、先生？　あぁ、先生はね、①つ目は「節制」。
　最近暴飲暴食が多いからね。イカン、イカン。注意しないとね。
　②つ目は「勤勉」。
　とにかく、毎日毎日、君たちにしっかりいい授業を行いたい。一生懸命働きたい。
　そして、③つ目は、「誠実」かな。
　やはり、人間として、真面目に真心をこめて生きていくことを忘れてはいけないと思うからね。
　あぁ、イカン、イカン。ついつい脱線しましたね。

　はい、今日の道徳では、フランクリンを学んで、自分の習慣にしたい徳を3つ考えました。そして、友だちがどうしてその3つなのかも聞きました。考えさせられるものがありましたね。
　では、今日の授業を終えて、感じたこと、思ったことを自由に書いてください。

2　ストレートに道徳的な価値について教える

　読み物資料だけで、道徳的な価値意識を子ども一人ひとりのなかに育てていくということは難しいでしょう。

　中学生になると、古今東西の人類社会で大事にされてきた道徳的な価値概念そのものについてストレートに学び、その概念を規準として自他の具体的な言動や生き方の問題を考えていく、という授業も行う必要があるのではないでしょうか。

　もっとストレートに道徳的な価値について教え、考えさせるようなアプローチも不可欠ではないかと考えています。

7　自分の名前で

> ○資料…………「先生のひとりごと」
> 　　　　　　　（赤坂雅裕『道徳授業奮闘記』pp.58-61, 明治図書, 1995）
> ○願い…………「自分の名前」を用いて、自分なりの生き方や価値観をつくり出してほしい。
> ○対象学年……小学校高学年〜高校生

1　中学2年生、1月に授業

（起立、礼）

はい、みんな「正月」って、どういう月か知ってますか？

「1月のこと」

うん、そうだよね。でも、もう少し深く考えよう。

ほら、字を分解すると、「一」と「止」と「月」となるでしょう。

だから、「正月」ってのは、「一に止まる月」、もう少し言うと、原点に戻る月。原点に戻って自分を再スタートさせる月ということなんだね。（へぇー）

ところで、君の原点はなんだい？　君の原点？……いきなり、そんなこと言われても、わからないよなー。（笑）まだ、中学２年生だもんなー。
　よし、じゃあ、今日の道徳は、みんな、原点を見つけるぞ。原点を。
　自分はいったいどういうふうに生きようとしているのか、原点を見いだそう。
　まず、このプリントを見てください。

```
　　　　先生のひとりごと
　　　　　　　　　　　　　　　　　　　　　　　　　　赤坂　雅裕
　　あ　せらないでいいぞ
　　か　っこうつけなくていいぞ
　　さ　いていと言われてもいいじゃないか
　　か　めのように一歩一歩
　　ま　じめに生きていこう
　　さ　さいなことを大切にして生きていこう
　　ひ　とつ一つを積み上げていこう
　「ろ　ーマは一日にして成らず」の精神を忘れるな！
```

　はい、これは先生の考えですが、君たちは、たった一度の人生をどんなふうに生きたいと思っていますか？　自分の名前を使って書いてみないかい。
　残りの40分でひとつ作品を作りあげましょう。
　まず、思いつく限り書いていくんですよ。
　そして、そのなかから選んでいくと、いい作品ができますよ。

2　布石が重要

　生徒は一生懸命やってくれます。
　途中で、「よーし、名前に濁点をつけることを許そう！」と言うと、なおさら熱中して取り組んでくれます。次のような作品ができました。

7　自分の名前で

> や　ってみよぉー！
> 「ま　えへゆっくり前へ」
> 　も　く標に向かって……
> 　と　お回りしたっていいじゃないか
> 　の　ん気だっていいじゃないか
> 　そ　こに希望がある限り
> 　み　来に向かって進んでゆこう！
>
> 　　　　　　　　　　　　　　　　　　（山本のぞみ）
>
> 　た　った一度の人生だから
> 　か　なしいことがあっても
> 　く　るしいことがあっても
> 　ら　くをしようなんて思わないで生きていこう。
> 「あ　さの来ない夜はない」その言葉を
> 　さ　さえにして
> 　み　らいを夢みて頑張ろう
>
> 　　　　　　　　　　　　　　　　　　（高倉麻美）

「今日は自分の名前を用いて、人生どう生きるかを表現しましょう」などという指示を突然出しても、子どもの心が育っていないと、その鉛筆はまったく動きません。

いきなりではできないのです。

子どもが悪いのではないのです。子どもは書きたくてもわからないのです。

作品ができなかった場合は、子どもを責めるのではなく、普段、自分が道徳授業をしっかり行っていなかったからだと素直に反省しましょう。

普段から、心に響く道徳の授業が実施され、内的な心の耕しが行われていますと、子どもたちは、集中して書くことができます。教室がシーンとなります。

先に紹介した山本さんや高倉さんは、それまでに道徳の授業のなかで学んだ詩を取り入れています。

山本さんは、次の杉山平一さんの詩。

```
       木ねじ
  右にそれたり　左へ行ってみたり
  まわり道ばかりしているが　のぞみは失わず
  目標めざして　グイグイ進んでいるのだ　前へ　ゆっくり　前へ
```

高倉さんは、次の東井義雄先生の詩。

```
  どんなに　つらくても　さじを投げることだけはすまい
  なにくそと自分に鞭をあてて　がんばろう
  「朝のこない夜はない」
```

　道徳教育において最も重視しなければならない言語力は、自分自身と対話するための言語能力です。
　子どもたちは、いままでに学んできたことを基に、自分自身と対話し、自分のもつ言葉を駆使して、自分なりの生き方や価値観をつくりだしていきます。

　子どもが真剣に考えて、生みだしてくれた作品には、「素晴らしいね。杉山平一さんの『木ねじ』、東井義雄先生の詩を覚えてくれていたんですね。それを基に自分でしっかり考えることができましたね」などと大いに誉めます。

3　子どもが自らつかみとる

　ある調査で、「自分を好きではない」と回答した割合が小学校高学年で38.7％にも上ったと聞きましたが、本来、子どもは、何よりも自分を大事にしたいと思っているのです。
　大事な大事な自分の名前から、生き方を考える本授業は、子どもたちを意欲的にし、子どもたちの心を呼び覚まします。

中学生には、教師は、以下のような授業をつくるといいです。
・子どもにとって切実感、必要性があり、子どもの問題意識を大切にした授業をつくる。
・教師から教え注入する構え以上に、子どもが自らつかみとるような感覚の授業を大切にする。

道徳の時間を、ときに、子どもの視点からの「学習」として考えてみましょう。

8 私の四行詩

> ○資料………「私の四行詩」
> 　　　　　　　（赤坂雅裕『道徳授業奮闘記』pp.61-62, 明治図書, 1995)
> ○願い………「書く」ことで自分の生き方を考える内的作業を促進させ、
> 　　　　　　主体的自覚的な選択による「自分づくり」を行ってほしい。
> ○対象学年……小学校高学年〜高校生

1 中学3年生で授業

(起立、礼)

はい、以前、「私の名前から」という授業をしましたね。

楽しい作品や考えさせられる作品がたくさんでてきましたね。

今日は、あの時と同じような感じで、「私の四行詩」という授業をします。

はい、このプリントを読みましょう。

第2章 良心の覚醒・追求を促す道徳授業　177

> この世の中には
> 大勢の人々がいます
> 私は、その中の一人です
> だれにも（赤坂先生にも）負けません　　　　　　　　　　　U子
>
> どんな人にも
> "花がきれいだ"
> と思う心があることを
> 信じたい　　　　　　　　　　　　　　　　　　　　　　　　I子
>
> 曇天模様の空の下
> だれかが
> どこかで
> 頑張っている　　　　　　　　　　　　　　　　　　　　　　S男

　作者は赤坂学級の先輩たちですが、君たちと同じ中学3年生の時に作られたものです。
　先生は、「人間としての考え方」と「表現力」が素晴らしく育っている学級にこの授業をするのですが、もう君たちは十分、その力があると判断しました。

　あぁ、君たちならできる。
　4行で、「自分はこんなふうに生きたい」と思っていることを自由に表現してください。
　今日の授業は、すべて君たちに任せて行います。

2　言葉には「力」がある　人は自分の言ったとおりの人間になる

　この授業も生徒たちは恐ろしいほど集中します。
　次のような作品ができあがりました。

8　私の四行詩

> 元気ですか？　元気なフリですか？
> 平気ですか？　平気なフリですか？
> 空を見上げて下さい
> 今日も空は青空ですよ　　　　　　　　　　　　F子
>
> キミが「死にたい」
> といった今日は
> きのう死んだヒトの
> 生きたかった今日なんだ　　　　　　　　　　　N子

　２人とも、様々なことで悩み、苦しんでいた子です。
　学級通信で読みあったときは、クラスから大きなどよめきが起こりました。
　「ワァー、Fちゃんすごーい！　Nちゃん、才能あるー！」
　うーん、ほんとにすごいねー。
　Fさんは、「頑張ろう」と言わずに、「辛いこともあるけど、希望はあるんだ。頑張ろう！」という気持ちに読者をさせていますね。
　Nさんは、「死にたいなどと言ってはイカン」と言わずに、「そういうことを簡単に言ってはいけないんだ」ということを語っていますね。
　すごすぎる。あぁ、これは、２人とも詩人になれるかもしれませんね。

　この２人は、級友から認められ、担任から認められ、そのうちにいつの間にか、悩みや苦しみから脱し、学級の中心人物として大活躍するようになっていきました。
　道徳の授業を核とした学級づくりのなかで、「立派な自分」を創りあげていきました。

　この授業は、「なりたい自分」を表現する最高レベルの授業ですが、これらの授業を行っていくなかで、生徒たちは、一人ひとり確実に変わっていきます。

私は、生徒が書いたことを何も疑わず、素直に受けとめ、「あぁ、そうかい。こういう人間になりたいんだね。頑張れよ！　きっとなれるよ！」と励ますだけなのですが、生徒は確かに自分の書いたとおりの人間に近づいていくのです。

　目には見えないが、言葉には「力」がある。
　子どもは自分の表現したとおりの人間に近づいていく。
　生徒から学ばされた真実です。

おわりに

　現在、私は、文教大学国際学部・文学部・人間科学部、國學院大學人間開発学部で、「道徳の指導法」の講義を担当しています。
　その学生たちの声です。

・道徳の講義で毎回感動したり、週末で疲れ切っている自分が励まされたりしています。今日の講義は本当に感動して涙が出そうなのを我慢していました。中学生の頃は、道徳の押しつけ授業が嫌いで無駄だと思っていましたが、入試に出る5教科よりもずっとずっと大切な授業だと思います。

・道徳はとても大切な科目だと改めて感じました。
　価値のある道徳授業なら、今後の人生において何かしら影響を与えます。
　言い換えると、道徳は「人生を変える科目」ですね。

　嬉しく思います。
　学生たちは、清らかな心で私の講義を受講し、そして、教師力を培ってくれています。
　この学生たちに「希望」を感じます。日本の教育の未来は決して暗くありません。

　さぁ、みなさん、
1．はりきって道徳教育に打ち込んでいきましょう！
　　道徳教育は、人間教育の普遍的で中核的な構成要素です。
　　しかも、子どもの現状を改善し、21世紀を人間らしく生き抜く力を子どもたち一人ひとりに与えてくれます。
2．「道徳の時間」に関しては、そう難しく考える必要はありません。

あなたが、心から大切だと思ったものや、こうあってほしいと願うことを、子どもたちがわかるようにぶっつける。そして共に、「人間として生きるとは」を考えていく。それだけでも道徳の授業になります。

まずは、そこからスタートしましょう。

3．ただし、ワンパターンに陥らないように。「道徳的実践力を育てる」というねらいはひとつですが、そのねらいを達成する方法（授業）は様々にあった方がいい。

多様な授業方法を少しずつ身に付けていきましょう。

4．うまくいかないときは、子どもにあわない方法で、無理にやっていないか振り返りましょう。たとえば小学校低・中学年の子に長時間の授業など、無理です。

5．常に、「子どもに学ぶ姿勢」を大切にして研究的実践を進めていきましょう。

みなさんのご活躍を心から期待しています。

最後に、本書の作成に際して、きめ細かい配慮とあたたかい支持で終始応援してくださった北樹出版社長の木村哲也氏と編集部の古屋幾子氏に心から感謝致します。ありがとうございました。

2014年6月　湘南・茅ヶ崎の寓居にて

赤坂　雅裕

【筆者紹介】

赤坂　雅裕（あかさか　まさひろ）

1959年、福岡県生まれ
福岡教育大学大学院教育学研究科修了
現在、文教大学国際学部教授
茅ヶ崎市教育委員会教育委員長

（主な著書）
『心躍る特別活動』文教大学出版事業部，2014.
『子どもたちを幸せに導く教育』文教大学出版事業部，2014.
『人間愛の理念のもとに～人間教育の追求～』文教大学出版事業部，2013.
『いじめ問題に立ち向かう担任』DTP出版，2013.
『教育原理の追求』DTP出版，2012.
『人間教師をめぐる断想』文教大学出版事業部，2011.
『不屈の教師力Ⅱ　～規範意識を醸成する授業への挑戦～』DTP出版，2011.
『不屈の教師力～中学校学級づくり編～』DTP出版，2010.
『共育～喜びいっぱいの育児（育自）～』文教大学出版事業部，2009.
『響育～希望の光としての教育～』文教大学出版事業部，2009.
『心に響く道徳教育講義』北樹出版，2008.
『道徳授業奮闘記～燃える中学生～』明治図書出版，1995.

（連絡先）
〒253-8550　神奈川県茅ヶ崎市行谷1100　文教大学国際学部
　　　　　TEL　0467－53－2111
　　　　　FAX　0467－54－3722

子どもに学ぶ道徳授業―良心の覚醒・追求を促す―

2014年10月1日　初版第1刷発行
2021年4月1日　初版第2刷発行

著　者　赤坂雅裕
発行者　木村慎也

・定価はカバーに表示　　印刷　三光デジプロ／製本　川島製本

発行所　株式会社　北樹出版

〒153-0061　東京都目黒区中目黒1－2－6
電話（03）3715-1525（代表）　FAX（03）5720-1488

©Masahiro Akasaka 2014, Printed in Japan　　ISBN 978-4-7793-0432-3
（落丁・乱丁の場合はお取り替えします）